Zu diesem Buch

Sie sind Hesse und haben sich entschlossen, Hochdeutsch zu lernen? Oder haben Sie dieses Buch gar von einem Nichthessen geschenkt bekommen, der Ihnen hiermit einen augenzwinkernden, aber ziemlich direkten Hinweis geben möchte? In jedem Fall sind Sie zu beglückwünschen, denn nachdem Sie dieses Buch gelesen haben, werden Sie neben Hessisch eine weitere Sprache beherrschen: Hochdeutsch.

Die Autorin

Ariane Willikonsky, Jahrgang 1966, ist diplomierte Sprecherzieherin und Sprecherin und arbeitet als Dozentin für Stimmtherapie, Stimmbildung und Sprecherziehung. 2003 gründete sie das FON-Institut für Sprache und Stimme in Stuttgart, das sie auch heute noch leitet. Dort bietet sie u. a. Stimmtherapie sowie Rhetorik- und Hochdeutschkurse an. Mehr Informationen zu der Autorin und ihrer Arbeit finden Sie unter www.institutfon.de.

Ariane Willikonsky

Hessisch

Wir können alles – auch Hochdeutsch!

Rowohlt Taschenbuch Verlag

Originalausgabe
Veröffentlicht im Rowohlt Taschenbuch Verlag,
Reinbek bei Hamburg, Januar 2007

Umschlaggestaltung ZERO Werbeagentur, München
(Illustration: Susanne Kracht)
Satz Proforma PostScript (InDesign)
bei KCS GmbH, Buchholz bei Hamburg
Druck und Bindung Druckerei C.H.Beck, Nördlingen
Printed in Germany
ISBN 13: 978 3 499 62172 7
ISBN 10: 3 499 62172 x

Inhalt

Der hessische Wortschatz

Die hessische Grammatik

Die hessische Artikulation

Vorwort

Sie sind Hesse und haben sich entschlossen, Hochdeutsch zu lernen? Oder haben Sie dieses Buch gar von einem Nichthessen geschenkt bekommen, der Ihnen damit einen diskreten, aber ziemlich direkten Hinweis geben möchte? In jedem Fall sind Sie zu beglückwünschen, denn nachdem Sie dieses Buch gelesen haben, werden Sie neben Hessisch eine weitere Sprache beherrschen: Hochdeutsch. Diesen Entschluss haben viele Hessen vor Ihnen gefasst. Die Hochdeutschkurse, die ich im FON-Institut in Stuttgart anbiete, erfreuen sich auch bei Hessen wachsender Beliebtheit. Alle Ängste, den Dialekt durch das Hochdeutschlernen zu verlieren, können Sie umgehend vergessen. Das Gegenteil ist der Fall: Sie werden die Unterschiede zwischen Hessisch und Hochdeutsch erproben und somit von Seite zu Seite Ihren Dialekt besser kennen- und lieben lernen. Hessisch ist allen Vorurteilen zum Trotz ein wunderschöner Dialekt, und Sie werden und sollen ihn weiterhin sprechen. Allerdings nicht in jeder Lebenssituation.

Besonders im Umgang mit Nichthessen kann reines Hochdeutsch beruflich von großem Vorteil sein. Es erhöht Ihre sprachliche Flexibilität, so wie es auch andere Fremdsprachenkenntnisse tun. Das stärkt Ihr Selbstbewusstsein und beeindruckt Ihre Gesprächspartner. Haben Sie nicht auch schon einmal einen Sprecher bewundert, der von einer Sekunde auf die andere mühelos von perfekter Hochlautung in astreinen Dialekt wechseln kann? Nachweislich hängt die Wirkung eines Menschen in hohem Maße von seinen sprachlichen Kompetenzen ab. Hierbei werden Sprecher, die ein perfektes Hochdeutsch sprechen, für besonders kompetent und intelligent gehalten. Zweifelsfrei werden diese Sprecher von Nichthessen auch besser verstanden. Zudem wird eine «dialektale Artikulation» auch beim Sprechen von Fremdsprachen hörbar. In vielen Situationen kommen Sie jedoch mit dem Dialekt besser an, zum Beispiel bei hessischen Geschäftspartnern und natürlich in Ihrem privaten Umfeld. Beide «Sprachen» zu können erhöht Ihre Flexibilität und Ihre Kompetenz. Dabei kommt es in erster Linie darauf an, dass Sie korrekt hochdeutsch sprechen. Fast alle Hessen glauben, dass «Sprechen nach der Schrift» mit Hochdeutsch gleichzusetzen sei. Ein fataler Irrtum, der zu einem überartikulierten Mischmasch aus beiden Sprachen führt und auf Außenstehende oft lächerlich wirkt. Beispiele finden sich ganz besonders unter hessischen Politikern, die ich hier nicht namentlich aufführen möchte.

Hochdeutsch ist die leichteste «Fremdsprache», die es gibt. Mit einem guten Lehrer kann auch der eingefleischteste Dialektsprecher in circa zehn Unterrichtsstunden Texte in perfektem Hochdeutsch lesen. Die Übertragung in die Spontansprache ist jedoch davon abhängig, wie viel Gelegenheit der Hesse hat, die neuen Kenntnisse auch praktisch anzuwenden. Üben Sie zunächst im stillen Kämmerlein, später mit Fremden am Telefon oder bei Aufenthalten außerhalb der Landesgrenze. Niemals jedoch im privaten Umfeld oder mit den Kollegen am Arbeitsplatz. Auf alle Fälle benötigen Sie neben den theoretischen Kenntnissen über die sprachlichen Unterschiede von Hessisch und Hochdeutsch auch die praktische Anwendung. Dieses Buch soll Ihnen das häusliche Üben erleichtern und Sie auf Ihrem Weg in die deutsche Zweisprachigkeit begleiten.

Ich wünsche Ihnen viel Erfolg – allerdann!

Stuttgart, Oktober 2006
Ariane Willikonsky

Liebe Leserinnen, bitte entschuldigen Sie, dass ich in diesem Buch auf die weibliche Anrede verzichte. Das hat rein pragmatische Gründe. Sie sind selbstverständlich immer mitgemeint!

Hinweise für Sprachwissenschaftler und Dialektforscher

Ausdrücklich möchte ich darauf hinweisen, dass ich Diplom-Sprecherzieherin und keine Dialektforscherin bin. Ich kenne die Auffälligkeiten des Dialekts aus der praktischen Arbeit mit Dialektsprechern und nicht aus den Geschichtsbüchern. Daher besteht meinerseits keinerlei Anspruch auf die exakte wissenschaftliche Belegbarkeit meiner Thesen. Ich appelliere außerdem an Ihr Verständnis bezüglich des Begriffs «Hochdeutsch». Mir ist bekannt, dass sich in Fachkreisen inzwischen das wertfreiere Wort «Standarddeutsch» durchgesetzt hat. Der breiten Bevölkerung ist der Begriff Hochdeutsch jedoch geläufiger, und an diese Leser richtet sich mein Buch.

Hessen lernen Hochdeutsch

Warum Hessen untereinander «hessisch babbele» sollen

Stellen Sie sich vor: Sie sitzen an einem schönen Sonntag mit der Familie im «Goldene Abbel» und freuen sich auf einen Bembel mit Apfelwein und ein gutes «Midaachesse». Nun kommt die Wirtin. Wäre es Ihnen lieber, wenn sie Sie auf Hochdeutsch nach Ihren Wünschen fragen würde statt in herzlichem Hessisch? Hochdeutsch in der «Wäädschaffd», auf der Kerb oder beim Kartenspielen? Muss nicht sein, oder? Untereinander wollen und sollen wir in unserem Dialekt sprechen. Hierbei kann man besonders Gefühle viel besser ausdrücken. Heimat ist mehr als Elternhaus, grüne Soße, Rhein-Main-Gebiet und «Ebbelwoi». Heimatgefühle weckt auch ganz besonders die eigene Sprache, unser Dialekt. Er zeichnet uns aus und deckt liebevoll unsere Stärken und Schwächen auf.

Dialekt bringt auch beruflichen Erfolg. Sie trauen der hessisch sprechenden Wirtin die Zubereitung von «Rippsche mit Kraut» vermutlich eher zu als einer hochdeutsch sprechenden. Ebenso erwarten Sie sicher von einem hessisch babbelnden Taxifahrer bessere Ortskenntnisse und vertrauen mehrheitlich eher einem hessisch sprechenden Vereinsvorsitzenden, Bürgermeister oder Ministerpräsidenten, wenn es um die Vertretung Ihrer Anliegen geht.

Wir verbinden die Sprache unbewusst ständig mit der Kompetenz einer Person. Aus diesem Grund können Dialektkenntnisse für den beruflichen Erfolg von großem Vorteil sein. Und zwar immer dann, wenn hessische Belange im Spiel sind. Ein weiterer, besonders wertvoller Aspekt, den Dialekt zu pflegen, ist der Reichtum des hessischen Wortschatzes. Im Dialekt kann sich der muttersprachliche Hesse wesentlich emotionaler, differenzierter und bildlicher ausdrücken, als es ihm im Hochdeutschen möglich ist.

«Die Mundart ist das Element, das aus der Seele spricht.»
Johann Wolfgang von Goethe

Warum viele Hessen auch Hochdeutsch können wollen

Nicht alle Hessen arbeiten daheim in typisch hessischen Branchen. Viele Hessen müssen nichthessischen Gesprächspartnern («Hergeloffenen») schwierige Sachverhalte deutlich machen. Kann sein, es zieht sie, aus beruflichen oder privaten Gründen, weg von Hessen oder gar ins Ausland. Diese Hessen lieben ihren Dialekt keinesfalls weniger, aber sie machen die Erfahrung, dass sie von Nichthessen nicht besonders gut verstanden werden und Dinge mehrfach erklären müssen. Zudem können sie beobachten, dass ihr Chef die Darstellung komplexerer Sachverhalte oder wichtige Auswärtstermine außerhalb Hessens vermehrt ihrem Hochdeutsch sprechenden Arbeitskollegen überträgt. Auch selbstbewusste Dialektsprecher bemühen sich daher im Umgang mit hochdeutschen Geschäftskollegen – oder sobald sie die Landesgrenze verlassen – um einigermaßen brauchbares Hochdeutsch. National oder international tätige Hessen wollen beides sprechen: Hessisch in der Familie, unter Freunden oder im Umgang mit Geschäftspartnern, die der hessischen Landessprache von Natur aus mächtig sind, und gutes Hochdeutsch für Vorträge, Präsentationen oder Dialoge mit nichthessischen Geschäftpartnern oder Kunden.

Außerdem ist noch zu erwähnen, dass die meisten Hessen selbstkritisch genug sind, um zu wissen, dass ihr Dialekt nicht überall nur Begeisterung hervorruft. Die ständig steigenden

Teilnehmerzahlen hessischer Geschäftsleute in unseren Hochdeutschkursen zeigen:

Hessen möchten alles können – auch Hochdeutsch!

Warum Hessen Hochdeutsch lernen sollten

Es gibt ein paar sprechtechnische Besonderheiten des hessischen Dialekts, die in der Kommunikation mit Nichthessen zu Problemen führen können: Der Hesse ersetzt zum Beispiel gern ein **ch** durch ein **sch**, was dazu führt, dass viele Nichthessen Verständnisprobleme haben. Kleine Kostprobe gefällig? «Wischdisch», «feaschdealisch», «Eischheansche». Auch beim Wortschatz gibt es Probleme. «Hinkel» sind Hühner, und eine «Gummä» ist eine Gurke. Was die Hessen außerdem gerne machen, ist verniedlichen. Manches hört sich tatsächlich niedlich an, aber welcher Nichthesse weiß schon, was «Schiggelschä» (Schuhe) oder «Bobbelsche» (Kind) zu bedeuten haben?

Neben totalem Unverständnis kann es auch zu so manchem Missverständnis kommen. So könnte ein «Baadbuddser» (alte Bezeichnung für einen Friseur, heute: Bartpfleger) zum Beispiel leicht mit einem Badputzer verwechselt werden, also einem Badreiniger.

Trotz der obengenannten Schwierigkeiten sind die meisten Hessen in der Lage, sich auf hochdeutsche Gesprächspartner einzustellen. In der Regel sprechen sie in diesem Fall eine dialektal gefärbte Sprache, die sich vermehrt an der Schriftsprache orientiert. Problematisch ist jedoch, dass die Sprecher hierbei oft verkrampft und unnatürlich wirken (siehe auch: *Honorationshessisch*). Für Nichthessen klingt dies ähnlich komisch und unerträglich wie für Hessen Dialoge von Schauspielern, die sich an einem Hessisch versuchen, das mit dem wahren Dialekt rein gar nichts gemein hat.

Wer souverän und kompetent wirken möchte, sollte entweder von Herzen Hessisch babbeln oder korrektes Hochdeutsch sprechen.

Liebe Hessen, der hessische Dialekt ruft nicht immer und überall nur Begeisterung hervor. Besonders bei wichtigen Geschäftsgesprächen mit Nichthessen oder bei Reden und Vorträgen wirken Sie als Hochdeutschsprecher kompetenter.

Dialekt und Sex-Appeal: «Ei, isch schteh uff disch!»

«Wos fär aan Dialekt is ajendlisch sexy?»

Da wir die deutsche Hochsprache eher mit dem Kopf verbinden und uns in Herzensdingen lieber mit unserem Heimatdialekt ausdrücken, könnte man eigentlich meinen, dass Dialekt «sexy» wirkt. Laut Umfragen finden die Deutschen dialektales Sprechen aber eher unsexy. Das ergab eine Studie des Kondomherstellers *Durex* aus dem Jahr 2004, die der Frage «Welchen deutschen Dialekt finden Sie am erotischsten?» nachging. Laut dieser Untersuchung finden über 40 Prozent der Befragten dialektfreies Hochdeutsch am erotischsten. Bei einer Umfrage des Männermagazins *Playboy* aus dem Jahr 2003, die die Deutschen zum Thema «Welcher Dialekt macht sexy?» befragten, lagen die Bayern, wie auch schon in der Statistik der beliebtesten deutschen Dialekte, mit großem Abstand vorne. Am wenigsten erotisch fanden die Befragten hier den pfälzischen Dialekt. Die Hessen belegten einen Platz im Mittelfeld.

Durex-Studie (Hessisch kommt in dieser Studie leider nicht vor)

Welchen deutschen Dialekt finden Sie am erotischsten?

Hochdeutsch	43 %
Bairisch	19 %
Norddeutsch	14 %
Schwäbisch	11 %
Berlinerisch	11 %
Rheinisch	11 %
Sächsisch	7 %

Playboy-Umfrage

Welcher Dialekt macht sexy?

Bairisch	29 %
Berlinerisch	23 %
Rheinländisch	22 %
Schwäbisch	18 %
Fränkisch	14 %
Hessisch	14 %
Friesisch	13 %
Sächsisch	12 %
Badisch	11 %
Pfälzisch	8 %

Hessische Sprachtypen «Sprischwerrderklobber und Schnedderededd»

Es gibt etliche liebenswerte, aber auch einige nicht so schöne Eigenschaften, die man den Hessen nachsagt. So ist der Hesse angeblich eher gemütlich und unkompliziert, manchmal aber auch ziemlich derb und direkt. Einige dieser Eigenschaften wirken sich auch auf die hessische Sprechweise aus: Die Hessen lieben es, sich bildhaft auszudrücken. Wenn's sein muss, sagen sie schon einmal direkt ihre Meinung, und ihre Weisheiten verpacken sie gerne in Sprichwörter: «E Redd ohne Sprischword is wie was ze esse ohne Salz.» Johann Wolfgang von Goethe, der in Hessen geboren wurde und mit dem hessischen Dialekt aufwuchs, beschrieb die hessische Sprechweise folgendermaßen:

«Nach dieser überstandenen Prüfung sollte abermals eine neue eintreten, welche mir weit unangenehmer auffiel, weil sie eine Sache betraf, die man nicht so leicht ablegt und umtauscht. Ich war nämlich in dem oberdeutschen Dialekt geboren und erzogen, und obgleich mein Vater sich stets einer gewissen Reinheit der Sprache befliss und uns Kinder auf das, was man wirklich Mängel jenes Idioms nennen kann, von Jugend an aufmerksam gemacht und zu einem besseren Sprechen vorbereitet hatte, so blieben mir doch gar manche tiefer liegende Eigenheiten, die ich, weil sie mir ihrer Naivität wegen gefielen, mit Behagen hervorhob und mir dadurch von meinen neuen Mitbürgern jedes Mal einen strengen Verweis zuzog. Der Oberdeutsche nämlich, und vielleicht vorzüglich derjenige, welcher dem Rhein und Main anwohnt (denn große Flüsse haben, wie das Meeresufer, immer etwas Belebendes), drückt sich viel in Gleichnissen und Anspielungen aus, und bei einer inneren, menschenverständigen Tüchtigkeit bedient er sich sprichwörtlicher Redensarten. In beiden Fällen ist er öfters derb, doch, wenn man auf den Zweck des Ausdruckes sieht, immer gehörig; nur mag freilich manchmal etwas mit unterlaufen, was gegen ein zarteres Ohr sich anstößig erweist.»

Liebe Hessen, ein passendes Sprichwort zur rechten Zeit lässt Sie kompetent und weise wirken. Nehmen Sie jedoch Rücksicht auf die etwas zarter besaiteten Seelen und verzichten Sie lieber auf Sprüche wie: «Wer net ald werrn will, muss sisch jung uffhänge.» Das ist zwar zutreffend, könnte jedoch so manchen Nichthessen schockieren. Um es mit Ihren Worten zu sagen: «Aach en Blinde is beleidischt, wann mer em secht, dass er schlecht sieht.»

Honorationshessisch: «Isch duh nach de Schrift schbresche»

Die meisten Deutschen glauben, dass in Norddeutschland das beste Hochdeutsch gesprochen wird. Das war nicht immer so. Das wohl bekannteste hessische Sprachgenie, Johann Wolfgang von Goethe, wurde als junger Mann nach Sachsen geschickt, um dort «gutes Deutsch» zu lernen. Mittlerweile würde das wohl nicht mehr passieren, denn Untersuchungen zum Ansehen der deutschen Dialekte belegen, dass es um das Prestige des sächsischen Dialekts in Deutschland schlecht bestellt ist. In allen sogenannten Dialekt-Rankings liegen die Sachsen auf dem letzten Platz. Ganz vorne liegt Bairisch, die Hessen bewegen sich im soliden Mittelfeld. Bis zum 16. Jahrhundert wurde im Norden Deutschlands Niederdeutsch und im Süden Hochdeutsch gesprochen. Erst Martin Luthers Bibelübersetzung brachte das Hochdeutsche in den Norden. Dort verschwand das Niederdeutsche nach und nach, und es entwickelte sich eine Sprache, die besonders nah am Schriftdeutschen lag. Im Süden hingegen wurde weiterhin Dialekt gesprochen, und die Schriftsprache blieb überwiegend die Sprache der Literatur.

Aus dieser Tatsache heraus entstand die Annahme, dass die Schriftsprache mit der hochdeutschen Aussprache gleichzusetzen sei. Dies ist jedoch ein fataler, aber weitverbreiteter und auch bei Hessen tiefsitzender Irrglaube. Zwar ist der Hesse in Wortwahl und Grammatik auf der sicheren Seite, wenn er sich an die Schriftsprache hält, aber in der Aussprache der Laute liegt er damit komplett daneben. Dieses bemühte Hochdeutsch wirkt extrem unnatürlich. Der Sprecher verliert seine Glaubwürdigkeit und macht sich zum Gespött seiner Zuhörer. Es hat sich auch gezeigt, dass das «Sprechen nach der Schrift» zum Teil sogar stärkere Abweichungen von der Standardaussprache aufweist als die dialektale Artikulation. Beispielsatz:

Ich se**h**e in der Nä**h**e Re**h**e ste**h**en.

Jedes **h** in diesem Satz dient lediglich der Verlängerung des vorangehenden Vokals. Es wird im Hochdeutschen wie im Hessischen nicht gesprochen. Das Sprechen nach der Schrift hat zur Folge, dass das eigentlich stumme Dehnungs-h betont wird. Dies gilt ebenso für die e-Laute an den Wortenden. Diese werden im Hochdeutschen nicht betont, sondern nur schwach und ohne Anspannung der Artikulationsorgane gesprochen. Man nennt sie Schwalaute. Bemüht sich der Hesse jedoch, Hochdeutsch zu sprechen, spannt er seine Artikulationsorgane besonders an und macht aus den Schwalauten lange geschlossene e-Laute (wie in **E**mil) oder gar lang offene e-Laute (wie in **ä**hnlich).

Auch bei den Vokalverbindungen (Diphthongen) **ei** und **au**, die in der Hochlautung eigentlich ae und ao gesprochen werden, ist das Sprechen nach der Schrift kontraproduktiv.

Es ist also falsch, davon auszugehen, dass die pointierte, überdeutliche Aussprache der geschriebenen Sprache zu korrektem Hochdeutsch führt. Die deutsche Standardaussprache hat ihre eigenen Regeln und Gesetze. Wer korrektes Hochdeutsch sprechen möchte, muss diese Regeln kennen und vor allen Dingen viel üben.

Liebe Hessen, wer souverän und kompetent wirken möchte, muss in erster Linie authentisch sein. Sprechen Sie also entweder Dialekt oder wirklich gutes Hochdeutsch. Faule Kompromisse sollten Sie vermeiden. Versuchen Sie also auf keinen Fall, durch Überartikulieren der einzelnen Laute die Verständlichkeit Ihrer Aussagen zu verbessern. «Sprechen nach der Schrift» ist kein Hochdeutsch!

Hochdeutsch und Dialekt im Vergleich

Wir können alles. Außer Hochdeutsch. Die Imagekampagne Baden-Württembergs hat einen wunden Punkt bei der Bevölkerung getroffen, und das nicht nur bei den Schwaben. Das große Interesse der Medien an den Hochdeutschkursen des FON-Instituts und die hitzigen Debatten zwischen Dialektliebhabern und Sprechtrainern zeigen: Bei der Frage «Hochdeutsch oder Dialekt?» kochen die Emotionen hoch und scheiden sich die Geister. Unbestritten ist nur die Tatsache, dass es besonders sprachliche Kompetenzen sind, von denen unsere berufliche Karriere abhängt. Ob beim Vorstellungsgespräch, im Meeting oder am Telefon: Wir müssen klar und deutlich artikulieren, wenn wir beruflich vorankommen möchten.

Viele Dialektsprecher sind hauptsächlich im Berufsalltag mit der hochdeutschen Sprache konfrontiert, Familie und Freunde sprechen überwiegend Hessisch. Der Dialekt ist somit die Sprache der Freizeit, in der emotionale Inhalte überwiegen. Das Hochdeutsche ist hingegen die Sprache der Arbeit, in der intellektuelle Inhalte gefragt sind. Das prägt die Einstellung. Das gleiche Prinzip besteht auch in den Medien: Je anspruchsvoller der Informationsgehalt einer Sendung ist, desto mehr Wert wird auf die artikulatorischen Kompetenzen der Sprecher gelegt. Unser Gehirn hat also gelernt, Emotionen primär mit der Umgebungssprache und Informationen mit der Hochlautung zu verbinden. Hier begründet sich zum einen, warum Dialektsprecher auf die Zuhörer weniger fachkompetent wirken, und zum anderen die Tatsache, dass dem Hessen sein «Hinkel» wesentlich besser schmeckt als irgendein Brathähnchen.

Wenn Sie sich nun voller Elan in die Arbeit an der deutschen Hochsprache stürzen, müssen Sie damit rechnen, dass eingefleischte Dialektliebhaber aus Ihrem Bekanntenkreis entsetzt die Augen weiten oder verächtlich die Nase rümpfen. Es sind eigentlich immer die gleichen Argumente, die dabei angeführt werden.

Der erste, weitverbreitete Vorbehalt gegen das Hochdeutschlernen ist die Sorge, den Dialekt dadurch zu verlernen. Das ist jedoch ebenso absurd, als würde man erwarten, in einem Kurs durch gezieltes Üben das Schwimmen oder Fahrradfahren verlernen zu können. Einen Dialekt kann man durch mangelnde Anwendung vernachlässigen, abtrainieren kann man ihn sich nicht.

Das Gegenteil ist der Fall. In diesem Buch gehen wir der Frage nach, was den Dialekt ausmacht und in welchen Bereichen er sich von der deutschen Standardsprache unterscheidet. Dadurch lernen Sie die Besonderheiten Ihres Dialekts in Wortwahl, Grammatik und Aussprache intensiv kennen. Die Teilnehmer unserer Hochdeutschkurse bestätigen, dass sie dadurch ihrem Dialekt sogar näherkommen. Ziel der Übungen ist es, bei Bedarf bewusst in die Hochsprache wechseln zu können. Hochdeutsch ist also keinesfalls eine Verbesserung des Dialekts, wie das Wörtchen «hoch» vermuten lässt, sondern gewissermaßen eine Zweitsprache.

Als zweites Vorurteil gegen das Hochdeutschsprechen vernimmt man häufig, ein Dialektsprecher müsse sich beim Hochdeutschsprechen verstellen und würde somit seine Identität aufgeben. Auch diese Sorge ist völlig unbegründet. Wir verändern unsere Sprechweise ständig. Je nachdem, mit wem wir gerade sprechen, wo wir gerade sind und welche Absicht wir in diesem

Gespräch verfolgen, variieren wir unbewusst unseren Tonfall, unsere Stimmlage und unsere Sprechmelodie. Stellen Sie sich vor, Ihr Partner geht ans Telefon. Da Sie ihn gut kennen, werden Sie bereits in den ersten Sätzen, unabhängig von der Wortwahl, an seiner Stimme erkennen, ob er gerade mit seiner Mutter, seinem Chef oder einem Freund spricht. Unsere Stimme stellt sich sofort auf den Gesprächspartner ein. Wir verstellen uns dabei aber nicht im negativen Sinn.

Ebenso verhält es sich mit der Entscheidung: Hochdeutsch oder Dialekt? Wenn ich am Wochenende eine Freundin anrufe, frage ich spontan «Gesch mit aufs Fescht?» und nicht «Gehst du mit auf das Fest?». Ich bin Schwäbin, und der Dialekt ist ein Teil von mir. Er gehört weiterhin zu meinem Leben, obwohl ich mein Geld damit verdiene, Dialektsprechern die deutsche Hochsprache beizubringen.

Liebe Hessen, Sie können durch das Hochdeutschlernen weder Ihren Dialekt verlernen, noch werden Sie dadurch Ihre Identität verlieren. Sie stellen sich beim Hochdeutschsprechen lediglich auf einen Gesprächspartner ein, der kein Hessisch versteht.

Wie Hessen am besten Hochdeutsch lernen

Verinnerlichen Sie zunächst den Grundsatz, dass es sich beim Erlernen des Hochdeutschen um eine Alternative – und nicht um eine Verbesserung Ihres bisherigen Sprechverhaltens handelt. Anfangs üben Sie das Hochdeutschsprechen durch lautes Lesen der Übungswörter, Sätze und Texte in diesem Buch. Ideal wäre es, wenn Sie einige Stunden mit einem Sprechtrainer üben könnten, der Ihnen ein persönliches Feedback gibt. Eine Alternative wäre ein Hochdeutsch sprechender Freund, der Ihr Vorhaben unterstützt. Wenn Sie die Übungen sicher beherrschen, können Sie dazu übergehen, im Gespräch mit Fremden zu üben. Erfahrungsgemäß brauchen sehr fleißige Schüler, die täglich einige Minuten üben, etwa drei Monate, bis es ihnen gelingt, mühelos vom Dialekt in die Hochlautung (und umgekehrt) zu wechseln.

Liebe Hessen, nur Übung macht den Meister. Richten Sie täglich zwei bis drei hochdeutsche Sätze an fremde Personen. Fragen Sie beispielsweise auf der Straße nach der Uhrzeit oder dem Weg. Sprechen Sie mit Fremden am Telefon, in der Arztpraxis oder im Restaurant, am Bahnhof oder Flughafen Hochdeutsch.

→ Hessen lernen Hochdeutsch: Auf einen Blick

Grundsätze zum Hochdeutschlernen für Hessen

- Hessen können alles – auch Hochdeutsch!
- Einen Dialekt kann man durch mangelnde Anwendung vernachlässigen, aber man kann ihn sich nicht abtrainieren.
- Dialektsprecher haben es in vielen Situationen leichter.
- Die Beschäftigung mit der deutschen Standardaussprache entfernt uns nicht vom Dialekt, sondern bringt ihn uns näher.
- Hochdeutsch ist keine Verbesserung des Dialekts, wie das Wörtchen «hoch» implizieren könnte, sondern eine nützliche Zweitsprache.
- Der einzige Grund, warum Hessen Hochdeutsch lernen sollten, ist der, störungsfrei mit Nichthessen kommunizieren zu können.
- Ziel dieses Buchs ist es, mühelos vom Dialekt in die Hochlautung – und umgekehrt – wechseln zu können.

- Vermeiden Sie unbedingt Honorationshessisch. «Sprechen nach der Schrift» ist kein Hochdeutsch. Im Gegenteil. Es klingt lächerlich und ist von der Hochlautung oft weiter entfernt als der Dialekt.
- Es besteht ein direkter Zusammenhang zwischen Dialekt und unserer Wirkung als Sprecher. Achten Sie daher genau darauf, in welchen Situationen Sie als hessischer Sprecher besser ankommen und in welchen Momenten die Verwendung der Hochsprache mehr Erfolg verspricht.

Typisch hessisch?!

Um die Besonderheiten des hessischen Dialekts verstehen zu können, ist es sinnvoll, einen kurzen Blick auf das Land Hessen und in die Seele seiner Bewohner zu werfen. Angeblich gibt es keine typisch hessischen Eigenschaften – das behaupten die meisten Hessen sogar selbst von sich. Nun, zumindest keine ganz offensichtlichen, dennoch gibt es einige charakterliche Besonderheiten, die sich auch in der hessischen Sprache zeigen.

Kleine hessische Sprachgeschichte

Der hessische Dialekt gehört zu den westmitteldeutschen Dialekten. Als Ursprung für den hessischen Dialekt gilt die Sprache der Katten, die in der kleinen Stadt Fritzlar nördlich von Frankfurt zu Hause waren. Vor circa 300 Jahren zogen die Katten nach Ungarn, daher wird dort auch noch eine sehr ursprüngliche Form des Hessischen gesprochen. Heute meinen Nichthessen, wenn sie vom Hessischen sprechen, meist das Südhessische, wie es rund um die Großstadt Frankfurt gesprochen wird. Dies wiederum liegt an der großen Medienpräsenz des südhessischen Dialekts, unter anderem in Sendungen wie *Zum Blauen Bock* oder *Die Hesselbachs.* Dabei ist Hessisch nicht gleich Hessisch. Auch außerhalb Hessens, zum Beispiel in Mainz, wird Hessisch gesprochen. Auch in Hessen selbst gibt es verschiedene Mundarten. Ganz grob muss man mindestens vier Varianten des Hessischen unterscheiden:

- Niederhessisch
- Osthessisch
- Mittelhessisch
- Südhessisch

Hinzu kommen unzählige Mischformen und Einflüsse von außen, denn rund um Hessen wird Niederdeutsch, Thüringisch, Ostfränkisch, Mosel- und Rheinfränkisch und Pfälzisch gesprochen. Die einzelnen hessischen Dialekte unterscheiden sich sowohl in der Wortwahl, Satzbildung und Artikulation als auch in der Betonung deutlich voneinander. Die Unterschiede sind so gravierend, dass es zum Teil sogar für Hessen selbst nicht immer leicht möglich ist, sich mit einem nur wenige Kilometer entfernt aufgewachsenen Nachbarn zu verständigen. So kann die Frage, ob jemand die Blumen auf dem Friedhof gießen möchte, «Gaisde gieße?» heißen – und nur zwei Kilometer weiter fragt man «Giehste gäiße?». Auf dem Land ist der Dialekt meist erheblich stärker ausgeprägt als in der Stadt. Wenn unter der Woche die Landbevölkerung zum Arbeiten nach Frankfurt kommt, rümpfen manche Städter nicht nur über deren Fahrstil, sondern auch über deren Sprache die Nase. Umgekehrt wiederum bemängeln die Landhessen bei den Städtern die Vermischung von Dialekt und Hochsprache.

Hessische Weltoffenheit: «Inndänaddsionaal»

Der Rhein-Main-Flughafen in Frankfurt ist mit mehr als 50 Millionen Passagieren pro Jahr, einem Luftfrachtumschlag von über 1,5 Millionen Tonnen und über 63 000 Beschäftigten der größte Flughafen Kontinentaleuropas. Auch der Hauptbahnhof in Frankfurt/Main ist mit über 350 000 Reisenden pro Tag Europas Nummer eins. Das heißt: Keine andere Stadt in Europa empfängt täglich so viele Gäste wie Frankfurt. Der Grund dafür, dass sich gerade Frankfurt zum größten europäischen Verkehrsknotenpunkt entwickeln konnte, ist nicht nur die ideale geographische Lage: Deutschland liegt im Herzen Europas, und Hessen liegt in der Mitte Deutschlands. Hessen grenzt an sechs Bundesländer: Nordrhein-Westfalen, Niedersachsen, Thüringen, Bayern, Baden-Württemberg und Rheinland-Pfalz.

Frankfurt präsentiert sich gastfreundlich, flexibel und weltoffen. Den Hessen ist es – im Gegensatz zu den Bayern – nicht wichtig, ihre Traditionen in die Welt hinauszutragen. Mittlerweile gibt es sogar in Las Vegas ein Hofbräuhaus, in dem in Lederhosen verpackte Männer und gedirndelte Damen auf «Oans – zwoa – gsuffa» die Bierkrüge schwingen. Eine Apfelweinstube, in der man «Ebbelwoi» aus dem «Bembel» serviert bekommt und «Handkäs mit Musik» essen kann, wird man in Amerika vergeblich suchen. Die Hessen prahlen auch nicht mit ihren Fähigkeiten. Der Slogan «Wir können alles. Außer Hochdeutsch», mit dem die baden-württembergische Landesregierung für das «Ländle» wirbt, wäre den Hessen peinlich. Sie sind wesentlich zurückhaltender. Man findet kaum Literatur über den hessischen Dialekt und noch weniger über typisch hessische Eigenschaften und Traditionen.

Die Hessen hängen nicht an alten Zöpfen, sondern sind offen für Neues. Nicht umsonst finden gerade hier die *Documenta*, die weltweit bedeutendste Ausstellung für zeitgenössische Kunst, statt sowie die größte und wichtigste Buchmesse der Welt, in der allein im Jahr 2006 mehr als 100 000 neue Bücher vorgestellt wurden.

Sprachlich zeigt sich diese Weltoffenheit in der Verwendung von Begriffen, die aus anderen Sprachen übernommen wurden oder die sich einfach ein wenig international anhören.

«Internationale» Hessischwörter

Der Hesse sagt	**Der Hesse meint**
Alles klaaro	Geht in Ordnung
Maajässdroo	Meister
piggobello	blitzblank
alles paleddi	alles klar, alles vorbereitet
awwandie	auf geht's
ballaballa	verrückt
dalli, dalli	schnell

Driggo draggo in Barraggo	Beischlaf in der Baubude
fudschikaadoo	kaputt, verschwunden
Guude Abbo	Guten Appetit
dängge diddo	danke (dir)
Inndämäddsoo	Zwischenspiel
kabbiddoo	verstanden
Kabboo	Chef
Läggo mio!	Du kannst mich mal …!
loggoo	selbstverständlich
luggi luggi	mal sehen
Ammiigoo	Kumpel
Dschoind Wändschä	Joint Venture
Fissimadände	Unpassendes, Ärger
Gängsdä	Gangster
Männädschä	Manager
Paadie	Party
Paddong	Verzeihung
pussiere	flirten
Raasch	Wut
räduuä	zurück
Räsong	Vernunft
wissawie	gegenüber
schinand	schüchtern

Hessen in Zahlen: «Mer strunse nit – mer hun!»

«Isch mecht nemmer aam sein, un wann mer aaner e Milljon biede deht.»
(Redensart)

Nach so vielen Superlativen gleich noch ein paar weitere, denn die Hessen haben noch mehr zu bieten als Kultur vom Feinsten und enormes Reiseverkehrsaufkommen.

Hessen liegt mitten im Herzen Europas und hat sich zu einem

der führenden Wirtschaftsstandorte, besonders für neue Technologien und Finanzdienstleistungen, entwickelt. Die Standortpolitik Hessens erhält Spitzennoten. Laut Umfrage der Beratungsgesellschaft *Ernst & Young* unter bundesweit 3000 Unternehmen werden die Infrastruktur und die Förderpolitik in keinem anderen Bundesland so positiv eingeschätzt wie in Hessen. Der wirtschaftliche Wohlstand, ausgedrückt durch die Maßzahl Bruttoinlandsprodukt (BIP), liegt in Hessen mit über 195 Milliarden Euro gleichauf mit Dänemark. Das ist weit über dem Bundesdurchschnitt. Dazu ein passender hessischer Ausspruch: «Mer strunse nit – mer hun!» (Wir geben nicht an – wir haben!)

Noch ein paar Zahlen

- In Hessen leben mehr als sechs Millionen Menschen.
- Eine hessische Familie hat im Schnitt 1,7 Kinder (der bundesdeutsche Schnitt liegt derzeit bei 1,3).
- Hessen liegt mit einem Ausländeranteil von 13,5 Prozent an der Spitze der Flächenländer in der Bundesrepublik.
- Der Messeturm ist mit 257 Metern eines der höchsten Gebäude Europas.

Auch sprachlich gesehen haben die Hessen einen besonderen Bezug zu Zahlen. Im Gegensatz zum Hochdeutschen werden sie an das Geschlecht angepasst: «In daer Stuh stenn zwä Disch, zwae Schässlong on zwo Uhre.» (Im Zimmer stehen zwei Tische, zwei Sofas und zwei Uhren.)

Hessisch	**Hochdeutsch**
zwä (männlich)	zwei
zwo (weiblich)	zwei
zwae (sächlich)	zwei

Hessische Gemütlichkeit: «Awweid mecht es Lewe süß!?»

Nicht alle Hessen schätzen den Trubel der Großstadt und den unermüdlichen Arbeitseinsatz in den Frankfurter Banken und Geschäftshäusern. Ein großer Teil der Hessen, ganz besonders der Nordhessen, geht das Leben lieber gemütlicher an. Diese Hessen schätzen einen gemütlichen Nachmittag bei Kaffee und heimischem Apfelkuchen im Kreise der lieben Verwandten weit mehr als ein Treffen mit chinesischen Geschäftskollegen beim Nobelitaliener. Sie wandern am Wochenende lieber mit Kind und Kegel auf den Meißner, statt im Reisebus mit dem Kulturverein zur *Documenta* zu kutschieren. Auch sind sie nicht wirklich begeistert, wenn die Gäste sich in ihrem Haus gar zu wohl fühlen.

Typisch sind Sätze wie: «Gastfreundschaft unn Azzenei sollt mer uff drei Daach beschränke.» Oder: «Besuch is wie Fisch, nach drei Daach fängt er a ze schtinke.» Das Lebensziel der «Landhessen» liegt nicht – wie bei manchen Großstädtern – darin, mit raschen Zügen die Karriereleiter hinaufzusteigen. Vielmehr ist die tägliche Arbeit eher ein notwendiges Übel zur Deckung der Lebenshaltungskosten. Äußerlich lässt sich der Hesse nichts anmerken und erledigt brav die ihm auferlegten Arbeiten, aber insgeheim schickt er ein Stoßgebet zum Himmel: «O Häa, lass Abend wäan, wann määschlisch noch amm Daach.» (O Herr, lass es Abend werden, wenn möglich noch am Tag.)

In zahlreichen hessischen Sprichwörtern spiegelt sich die Einstellung der Bevölkerung zur Arbeit wider:

- «Wenn Glick nur in Awweid zu finne is, is Nixduhn fer mich Awweid.»
  (Wenn Glück nur in Arbeit zu finden ist, dann ist Nichtstun für mich Arbeit.)
- «Wer nachds guud schloofe soll, muss daachsiwwer sei Ruh hawwe.»

(Wer nachts gut schlafen soll, muss tagsüber seine Ruhe haben.)

- «Der wo die Awweid erfunne hod, muss nigs dsu duun gehabbd hawwe.»
  (Der, der die Arbeit erfunden hat, muss nichts zu tun gehabt haben.)
- «Wer die Awweid kennd unn sisch ned driggd, der is verriggd.»
  (Wer die Arbeit kennt und sich nicht drückt, der ist verrückt.)
- «Awweid mecht es Lewe süß, abber am meisde dene, wos de annere iwwerlosse.»
  (Arbeit macht das Leben süß, aber am meisten denen, die es anderen überlassen.)
- «Wer net rischdisch faulenze kann, kann aach net rischdisch schaffe.»
  (Wer nicht richtig faulenzen kann, kann auch nicht richtig arbeiten.)
- «Dem Dichdische schläächt kaa Gewisse.»
  (Dem Tüchtigen schlägt kein Gewissen.)

Zielende

Merr plaacht sich ab
E Ziel schnell ze erreiche
Doch is merr aagekomme
Beim dridde Herzinfackt
Da fraacht merr sich
War des allaans des Ziel?
Volksmund

Liebe Hessen, ein Herzinfarkt ist natürlich kein Ziel, und wirklich erfolgreich ist man nur so lange, wie die Arbeit noch Spaß macht. Aber aufgepasst, den hessischen Müßiggang finden wir auch in der Sprache wieder. Ganz nach dem Motto «Iwwerflissisches muss wech» werden Endungen und Silben gestrichen. Achten Sie auf eine präzisere Artikulation, wenn Sie von Nichthessen verstanden werden wollen.

Verschluckte Laute im Hessischen

Der folgende Beispielsatz macht deutlich, wie viele Laute der Hesse in einem Satz streicht: «De Babba hat 'm Kal 'n Schlissl fäa's Dor an ä Schdäll hiegläschd, wo'n kanä mä find.» (Der Papa hat Karl den Schlüssel für das Tor an eine Stelle gelegt, an der ihn keiner mehr findet.)

- Die Endung «e» wird ganz verschluckt.
  Beispiel: «Läffel doi Subb selbä aus!»
- (Löffle deine Suppe selbst aus!)
- Die Endung «-en» bei Verben, Adjektiven oder Substantiven wird als schwach betontes «e» gesprochen.
  Beispiel: «En guude Schobbe Woi dringge.»
  (Ein gutes Glas Wein trinken.)
- Die Endung «-er» wird als starkes «e» gesprochen.
  Beispiel: «Päädä, gäbb emool de Hammä niwwa!»
  (Peter, reich mir mal den Hammer!)
- Die Artikel und Personalpronomen werden ebenfalls verkürzt.
  Beispiele: «de» (der, den), «es, 's» (das, es), «em, 'm» (einem, dem, ihm), «en, 'n» (einen, den, ihn), «ere» (einer, ihr), «e» (ein, eine).

Hessische Naturverbundenheit: «Hier bin isch Mensch, hier derf ich sei»

Etwa ein Drittel der hessischen Fläche wird landwirtschaftlich genutzt, und Hessen besitzt mehr als 40 000 Kilometer Wanderwege. Nirgendwo sonst in Deutschland stoßen derart großflächige Naturlandschaften auf dichte Industriegebiete. Ausflugsziele gibt es viele. Hervorzuheben sei der Vogelsberg, Deutschlands größtes Vulkangebiet und ein wunderschöner Naturpark sowie das Gebiet um den Hohen Meißner. Hier lebt übrigens auch Frau Holle, deren Mythos noch heute die Gegend verzaubert. Dem Volksglauben nach hat Frau Holle gute und böse Zauberkräfte. Weiber, die zu ihr in den Brunnen steigen, macht sie gesund und fruchtbar. Faulenzerinnen zieht sie die Bettdecke ab und legt sie nackt aufs Steinpflaster. Fleißige hingegen finden Silbergroschen in ihren Eimern. Gerne zieht sie Kinder in ihren Teich, die guten macht sie zu Glückskindern, die bösen zu Wechselbälgern. Jährlich geht sie im Land umher und verleiht den Äckern Fruchtbarkeit. Aber sie erschreckt auch die Leute, wenn sie durch den Wald fährt, an der Spitze des «Wütenden Heeres». Manchmal zeigt sie sich als eine schöne weiße Frau in der Mitte des Teiches, ein anderes Mal ist sie unsichtbar. Dann hört man aus der Tiefe bloß Glockengeläut und finsteres Rauschen.

«Jeder kennt es Hänsje un es Gretsche, die Fraa Holle, de Wolf un die siwwe Gaaßscher und natürlich auch es Rotkäppsche und de Froschkenisch», sagten die wohl bekanntesten hessischen Geschichtenerzähler, die Gebrüder Grimm, die auch durch die hessische Landschaft inspiriert wurden. Bis heute lieben die Hessen ihre Mythen und Sagen. Gerne schmücken sie daher ihre eigenen Geschichten mit Sprichwörtern und Vergleichen aus und lieben die Lautmalerei.

Der Hesse sagt	Der Hesse meint
Dibbegugger	neugierige Person
Dorrzelgreed	alkoholisierte Frau
Dreggwutz	schmutzige Person
Duddebabber	Taugenichts
Gaawerlies	alte Frau
Hedschelbiebelsche	Muttersöhnchen
Huddselmännsche	alter Mann
Lewwerwerschdsche	beleidigte Person
Pidschedabber	Tollpatsch
Schnedderededd	schwatzhafte Frau

Hessische Apfelweinliebe: «Mer duhn gern e Schobbe petze»

> «Liewer e bissje ze viel gegesse, als wie ze weenisch gedrunnge!»
> *(Redensart)*

Böse nichthessische Zungen behaupten, Apfelwein sei das, was erst nach dem siebten Glas zu schmecken anfängt. Aber wenn ein Hesse ins Wirtshaus geht, so trinkt (beziehungsweise «petzt, robbt, zieht, schläucht oder blost») er natürlich Ebbelwoi. Wenn er einen kleinen Durst hat, begnügt er sich mit einem «Gerippten» oder «Schoppe» (0,3 Liter). Gläser, die nur 0,2 Liter fassen, entsprechen nicht der herkömmlichen Apfelweintradition und werden daher «Beschissergläser» genannt. In der Regel bestellt der Hesse jedoch einen Bembel. Das ist üblicherweise ein grauer Steingutkrug mit blauem Muster, der von einem Liter (4er-Bembel) bis zu zwei Litern (8er-Bembel) des hessischen Goldes fasst.

Der Bembeldeckel, «des Deckelcher», besteht aus zwei Holzscheiben. Die größere deckt das Apfelweinglas ab, die kleinere ragt in das Glas hinein. Des Deckelcher verhindert unter anderem, dass Schmutz oder Insekten in den Apfelwein fallen. Verziert ist es meist mit einer Münze oder Malerei, aber auch mit dem Namen der Wirtschaft oder des Besitzers. Ein traditionsbewusster Apfelweintrinker bringt seinen Bembel selbst mit in die Wirtschaft. Dieser Brauch ist mittlerweile jedoch nahezu vollständig verlorengegangen.

Vermutlich tranken schon die Römer Apfelwein. Die Herstellung des hessischen Apfelweins wurde erstmals im achten Jahrhundert dokumentiert. Im 16. Jahrhundert wurde der Ebbelwoi offiziell zum Frankfurter Nationalgetränk. Seither unterliegt er durch eine Ratsverordnung strengen Reinhaltungsbestimmungen. Erst seit dem 18. Jahrhundert wurde das «Stöffche» vom Fass offiziell ausgeschenkt, allerdings nur in Wirtschaften mit spezieller Schankerlaubnis. Als Erkennungszeichen hängten die Wirte einen Fichtenkranz mit einem Apfel in der Mitte an die Wirtshaustür. Dieses Symbol blieb bis heute erhalten. Ebbelwoi kann man auf verschiedene Arten genießen. Echte Genießer und wahre Kenner trinken ihn natürlich pur, aber es gibt ihn auch sauer gespritzt (mit Mineralwasser verdünnt), süß gespritzt (mit Zitronenlimonade verdünnt) oder als «Herrengespritzter» mit Sekt gemischt. In Verbindung mit Cola wird er zum «Korea», auch «Cola-Äppler» genannt. An kalten Wintertagen trinkt man «Haaße Ebbelwoi». Dieser heiße Apfelwein soll übrigens auch als Hausmittel gegen Erkältungskrankheiten Wunder wirken.

Dazu isst der Hesse Rippchen mit Kraut, Schinkenbrot mit «Glotzaache» (Spiegelei) oder Handkäs mit Musik. Ein echter Ebbelwoikenner achtet darauf, dass der Apfelwein wirklich nur aus Äpfeln besteht – ohne Zusatz von Birnen oder anderem Obst –, fruchtig herb schmeckt und eine Temperatur von elf bis 14 Grad Celsius aufweist. Je länger die Lagerzeit, desto aromatischer das Ergebnis. Je nach gewünschter Stärke nimmt der Kelterer den Wein früher oder später von der Hefe und füllt ihn in ein anderes Fass um. Dadurch schmeckt der Wein jedes Fasses anders. Die Bezeichnungen für das Getränk selbst unterscheiden sich, je nach Region, sowohl in ihrer Aussprache als auch in ihrer Schreibweise voneinander. So findet man in den Getränkekarten unter anderem folgende Angebote:

«Äbbelwei, Äbbelwein, Äbbelweun, Äbbelwoin, Abbelwoj, Äpfelwein, Apfelwoi, Appelwein, Äppelwein, Äppelweun, Appelwoi, Äppelwoi, Äppler, Ebbelwei, Ebbelwein, Ebbelwoi, Eppelwein, Schobbe, Stöffche».

Der Ebbelwoi ist mittlerweile nicht mehr nur ein Getränk. Mit dem Ebbelwoi-Express, einem historischen Straßenbahnwagen, kann man eine Stadtrundfahrt durch Frankfurt unternehmen und das Ebbelwoi-Viertel Sachsenhausen besichtigen.

Hinweis für Nichthessen

Mit den folgenden Fachbegriffen können Sie bei einem Aufenthalt in Hessen mächtig punkten:

Apfelweinbegriffe	**Hochdeutsch**
Alter	der gereifte Apfelwein
Bembel	grauer Steinkrug mit blauen Verzierungen
Deckelcher	Bembeldeckel
Faulenzer	Metallgestell zum Einlegen des Bembels
Gerippter	geripptes Apfelweinglas (0,3 Liter)
Neuer Heller	der neue Apfelwein
Süßer	Apfelmost

Auch mit der Kenntnis eines hessischen Trinkspruchs (zur rechten Zeit!) können Sie einen Hessen tief beeindrucken:

«Haupdsach, es bassd dorsch de Halls un machd schwindlisch.»

«Willsde disch gesund erhalde, dring an Ebbelwoi, an kallde.»

«Tut's der in de Glieder reiße, trink en Ebbelwoi, en heiße.»

«Ebbelwoi in alle Lage schafft der stehts en gude Magen.»

Der Apfelwein hat die Hessen auch sprachlich inspiriert. Unzählige Gedichte und Verse wurden über das «Stöffche» geschrieben.

Diese sprachlichen Ergüsse werden unter dem Begriff «Apfelweinlyrik» zusammengefasst.

Apfelweinlyrik

EBBELWEISPRACH
Baafe, petze, schläuche, schlucke,
schwabbele, robbe, Schnut sche tunke –
wie en Drallaff duht er gucke,
nachdem de Bembel leergetrunke.

Des Gerippte festumklammert,
nachem Handkäs un em Rippche,
sein Schlund ist trocke, er jammert,
langsam – weil er muss uffs Dippche.
Kurt Bambach

EBBELWEISPRUCH
Wer nix uff's Stöffche hält, der daut aam laad!
Nix so uff dare Welt mecht aam so Fraad.
Friedrich Stoltze

ES STÖFFCHE
Es Stöffche is für alles gut,
es fegt de Mage, labt die Schnut,
hilft gege Rheuma, Podagra,
Heufiewer, Gicht und Cholera,
bringt flotten Gang stets ohne Qual
– deswegen is es so gesund,
so laut de ärztliche Befund.
Emmerich Reeck

Und schließlich möchten wir Ihnen natürlich das berühmte Apfelweinlied nicht vorenthalten:

Das Apfelweinlied

Die Fraa Rauscher aus de Klappergass
Am Sonndag warn mer dribb de Bach,
was hammer do gelacht,
so warn zwaa Eheleut beschleucht unn hawe Krach gemacht.
Uff aamal duds en dumpfe Schlag, die Fraa lieht uff de Gass
unn alle Kinner singe laut, des mecht en Heidespass.

En Griene hot den Fall geseh' un kimmt im Laafschritt aa.
Der Ehemann ruft ganz erschreckt, ich hab er nix gedaa!
Mei Alt, die kennt kaa Maß un Ziel, die hot zuviel gebaaft,
drumm hot der liewe Herrgott sie mit aaner Beul gestraft.

Jetzt gehts uffs Bolizeirevier, die Buwe hinerdrei.
Des is en intressanter Fall, des leucht doch jedem ei.
De Kommissar is ganz empeert un segt, des is doch doll.
Der Griene, wie sich des geheert, der gibt zu Protokoll.

Jetzt wärs genug, die Rauschern hat sich mit ihrm Mann
versöhnt,
des kennt mer schon un is mer aach in solche Fäll gewöhnt,
doch so en beeser Zeitungskerl dut mehr als wie seine Pflicht,
am annern Dag stehts dick un braat im Bolizeibericht:

Refrain:
Die Fraa Rauscher aus de Klappergass, die hoot e Beul am Ei,
ob des vom Rauscher, obs vom Alte kimmt, des klärt die
Polizei.
Dichtung Kurt Eugen Strouhs,
Vertonung Norbert Bruchhäuser

Hessischer Humor:
«Dohtgelacht hat sisch noch kaaner»

«Froh gelebt unn sselisch gestorwe,
haaßt em Deiwel die Reschnung verdorwe.»
(Redensart)

Auch wenn weder Nichthessen noch Hessen eine präzise Antwort darauf geben können, was eigentlich typisch hessische Eigenschaften sind, eines wird ihnen keiner absprechen: Die Hessen sind schlagfertig und haben einen scharfen, trockenen Humor. Seit 1973 ist die närrische Zeit fest mit *Mainz bleibt Mainz, wie es singt und lacht* verbunden. Hier werden, vorwiegend in südhessischem Dialekt, Politiker aufs Korn genommen. Die Sendung wird jährlich von mehr als acht Millionen Fernsehzuschauern gesehen und bringt somit den hessischen Dialekt in fast jedes deutsche Wohnzimmer. Nicht weniger bekannt ist die hessische Familie *Die Hesselbachs* und die beiden hessischen Comedy-Duos *Badesalz* und *Mundstuhl*. Nicht zu vergessen die Kabarettisten Matthias Beltz und Wolfgang Schmidt und die zahlreichen Mundartdichter wie Dieter Schneider, Kurt Bambach, Dieter Adam, Kurt Siegel und viele andere, die mit liebevollem, humorigem Blick das Leben der Hessen beleuchten. Der berühmte Schwindler Baron von Münchhausen zog sich mit dem folgenden Spruch aus dem «Schlambes» (Schlamm):

«Sach zum Lewe kräfdch ‹jo›! Der wo ‹naa› seet,
wird nit froh.
Was mit Flenne als falliert, geht mit Lache wie geschmiert.»

Und der Wiesbadener Heimatdichter Rudolf Dietz (1863–1942) dichtete frohgemut:

Lache is gesund, mein Klaaner,
dohtgelacht hat sich noch kaaner.
Wann's auch schwerfällt – lachste doch …
Flenne kannste immer noch.

→ Typisch hessisch: Auf einen Blick

- Hessen ist das Land der Superlative, dennoch können Nichthessen die Frage «Was ist typisch hessisch?» bestenfalls mit Zum Blauen Bock beantworten. Das sollten Sie ändern!
- Als Hesse können Sie gelassen auf alle Gesprächspartner zugehen. Im Gegensatz zu Ihren bayerischen, schwäbischen, ostfriesischen oder sächsischen Kollegen haben Sie nicht gegen Vorurteile anzukämpfen.
- Der Gebrauch von (passenden!) Fremdwörtern kommt auch im Geschäftsleben gut an. Aber Achtung: «Dschoind Wänschä» ist nicht korrekt ausgesprochen und «luggi luggi» kein italienisches Wort!
- Zahlen können im Hochdeutschen nicht ihr Geschlecht verändern.
- Sprechen Sie im Gespräch mit Nichthessen deutlich. Laute und Silben dürfen im Hochdeutschen nicht verschluckt werden. Achten Sie besonders auf eine korrekte Artikulation der Endsilben.
- Sprichwörter, Vergleiche und Lautmalereien passen wunderbar in eine private Unterhaltung. Im Geschäftsleben sollten Sie auf kurze, faktische Aussagen achten.
- Verzichten Sie außerhalb Hessens auf Ihr Nationalgetränk. Sie erhalten Ihren Apfelwein dort niemals im richtigen Glas und vermutlich auch nicht in gewohnter Qualität.
- Geben Sie in geschäftlicher Gesellschaft keine Trinksprüche zum Besten. Nichthessen sind das nicht gewohnt und könnten peinlich berührt sein.

Der hessische Wortschatz

Wenn die Hessen richtig breiten Dialekt sprechen, verstehen Nichthessen außer einzelnen Bruchstücken oder Worten nichts. Über ein Kompliment wie «Du hassde awwä schääne Schiggelschä» (Du hast aber schöne Schuhe) kann sich eine Nichthessin kaum freuen, denn dieser Satz klingt für sie wie ein Ausschnitt aus einer nie gehörten Fremdsprache. Dennoch bereitet der hessische Wortschatz dem Dialektsprecher beim Hochdeutschlernen in der Regel keine Probleme. Selbst dem eingefleischtesten Hessen ist es möglich, seine Worte so zu wählen, dass er auch jenseits der Landesgrenzen verstanden wird. Es ist ihm auch ohne wohlgemeinte Ratschläge klar, dass Fragen wie «Kannschd mer e Blunse gebbe?» (Kann ich bitte eine Blutwurst bekommen?) oder «Du bischd 's schännsde Moisje» (Du bist das schönste Mädchen) weder in Hamburg noch in München den gewünschten Erfolg bringen würden.

Hier einige Beispiele von Worten, die Nichthessen unter Garantie nicht verstehen:

Hessisch	**Hochdeutsch**
Badschkabb	Schirmmütze
blodsche	(Zigaretten) rauchen
Bobbekisch	Puppenküche
Dibbe	Topf
Dudd	Tüte
Fäjel	Vögel
Heigä	Fahrrad
Käaschel	Müll
Kabbes	Unsinn
Labbing	Kaninchen
Mabsch	Matsch
Padde	Geld
Piddsch	Pfütze
Schadäng	Garten

Probleme gibt es, wenn Hessen Worte benutzen, die es zwar im Hochdeutschen gibt, dort jedoch eine ganz andere Bedeutung haben. Wenn ein Hesse von «Feen» spricht, so meint er damit nicht die Figuren aus den Märchen, sondern einen Haarföhn. Ein «Kraane» ist auch keine Maschine zur Verladung von Stück- oder Schüttgütern, sondern ein Wasserhahn. «Schlaafschdaa» könnte von einem Nichthessen mit der Frage «Schlaaf 'sch daa?» (also: Schläfst du dort?) verwechselt werden. Dabei bedeutet dieses Wort einfach nur Schleifstein. Auch das Wort «Bäddongknoode» wird einen Nichthessen in Erstaunen versetzen, denn für was, um Himmels willen, soll ein Knoten aus Beton gut sein? Darauf, dass damit ein dicker Krawattenknoten gemeint ist, kommt mit Sicherheit keiner.

Nächste Falle: Manche Worte haben im Hessischen mehrere Bedeutungen. So können mit «Diejä» sowohl ein oder mehrere Tiere als auch eine oder mehrere Türen gemeint sein. Auch ob mit «Disch» der Tisch oder dich gemeint ist und mit «Eisch» die Eiche oder euch, kann man nur aus dem Kontext erraten. Folgende Beispiele sind weitere Stolpersteine in der Verständigung:

Der Hesse sagt	**Der Hesse meint**	**Der Nichthesse versteht**
Bäan	Birne	Beeren
baggän	(an)baggern	backen
Ballongs	Balance	Luftballons
Dällä	Teller	Delle
Diddl	Titel	Maus mit großen Füßen
doasch	durch	Dorsch
Dochdä	Tochter	(Kerzen-)Dochte
Fäa	Fähre	fair
Gaas	Geiß	Gas
Gadde	Garten	(Ehe-)Gatte
Kaddsekebb	Kopfsteinpflaster	Katzenköpfe
Kisch	Küche	Quiche
Leid	die Leute	das Leid

Der Hesse sagt	Der Hesse meint	Der Nichthesse versteht
Leo	Zigarettenstummel	(Hunde-)Name?
Mässä	Messer	Messe
Nischd	Nichte	nicht
wanne	warnen	Wanne

Hessische Grüße: «Ei guude, wie?»

Schaut man sich die Begrüßungsformeln der verschiedenen Dialekte an, so fällt auf, dass sich der Süden und Norden Deutschlands in ein Grüß-Gott- und ein Guten-Tag-Gebiet unterteilen lässt. Und Hessen? Nun, das ist weder das eine noch das andere. Die Hessen haben ihre eigenen Begrüßungs- und Verabschiedungsformeln. Und die sind weder im Norden noch im Süden wirklich verständlich. Befinden Sie sich also im Norden, so sollten Sie – dem Anlass und Verhältnis zum Ansprechpartner entsprechend – zwischen Guten Tag, Auf Wiedersehen, Hallo und Tschüs wählen. Im Süden trumpfen Sie mit «Grüß Gott» zur Begrüßung auf und mit «Ade», wenn Sie sich verabschieden möchten. Mit der Begrüßung «Ei guude» könnten Sie besonders im Süden für Verwirrung sorgen, denn dort wünscht man sich, bevor man mit dem Essen beginnt, «'n Guude» oder «an Guadn», was so viel heißt wie guten Appetit.

Hessisch	Hochdeutsch
Guude	Guten Tag
Ei guude, unn wie?	Wie geht es Ihnen?
Wie dann so?	Wie geht es Ihnen denn so?
Ei, guggemool do, de …	Schön, dich/Sie zu treffen
Machs guud, Alldä.	Tschüs
Morje, Morsche	Guten Morgen
Allerdann	Auf Wiedersehen
Ich mach jetzt fodd.	Ich muss jetzt gehen.

Hinweis für Nichthessen:
Der Hesse freut sich, wenn Sie ihn mit einem freundlichen «Ei guude, wie?» nach seinem Befinden fragen. Achten Sie aber genau auf seine Reaktionen. Sollte er mit «Mäa hadd hald soin Schaff» oder «Haubdsach, die Fraa is xund unn machd moijenns uff die Awaid» (Hauptsache, die Frau ist gesund und geht morgens arbeiten) antworten, können Sie beruhigt weitergehen. Sollte er jedoch «Fraach misch net» antworten, müssen Sie unbedingt nachhaken. Diese Aussage kann auf echte Probleme hinweisen. Bei intimeren Verhältnissen kann übrigens auch ein – von einem wissenden Lächeln begleitetes – «Sauwerbleiwe» das Verhältnis zum hessischen Kollegen enorm beleben.

Der hessische Körper: «Isch schaa dir in die Aach, Schnuggelsche»

Stellen Sie sich einmal kurz einen hessischen Humphrey Bogart vor. Wie sehr würde *Casablanca* doch an Tragik verlieren! Und das nur aufgrund eines einzigen Satzes. Der Hesse hat seine eigenen anatomischen Bezeichnungen. Die «Griffl» benötigt man nicht zum Schreiben, sondern zum Fühlen. In den «Ranzen» packt man auch nicht Schulhefte, sondern lieber eine Currywurst. Der «Buggl» ist zum Erstaunen eines Nichthessen auch kein Hügel, sondern der Rücken. Manchmal ist die hessische Bezeichnung aber auch treffender als die hochdeutsche. So wird eine Nase, die das normale Ausmaß überschreitet, «Rieschkollwe» genannt und extrem große Hände «Praddse wie e Abborddeggl» (Pratzen wie ein Klodeckel).

Hessisch	**Hochdeutsch**
Aache	Augen
Aachedeggl	Augenlid

Der Hesse sagt	Der Hesse meint
Baa	Bein, Beine
Bobbes	Hintern
Brudsch	nörgelig verzogener Mund
Deeds, Kobb	Kopf
Griffl	Finger
Haggelscher, Raffel	Zähne
Herndeggl	Schädel
Kroddse	Hals
Maache	Magen
Mobbelsche	Mensch mit Übergewicht
Nachl	Nagel
Nawwl	Nabel
Neeschl	Nägel
Sabber	Speichel
Schnuud	Mund
Wisaasch	Gesicht

Zum Abschluss noch «e Widdsjer» (ein Witz): «Warum sin Glasaache aus Glas?» – «Bleed Fraach, demit mer dorschgugge kann.»

Hessische Wehwehchen: «Mer isses gar net schee»

«De Aazt is oft gefährlischer wie die Krankheid.»
(Hessische Weisheit)

Auch wenn der Hesse weit davon entfernt ist, ein Hypochonder zu sein, so ist doch ein wichtiges Gesprächsthema seine Gesundheit. «Ei guude, wie dann so?» ist daher eine der meistgehörten Einstiegsfragen beim Smalltalk in Hessen. In der Regel wird der Hesse «Ei, guud» antworten. Manchmal hat aber auch ein Hesse «Unpässlischkeite» und fühlt sich «malad» (schlapp) oder «mies» (schlecht).

Liebe Hessen, damit Sie im Notfall auch im deutschen Ausland entsprechende Hilfe bekommen, finden Sie im Folgenden einige hochdeutsche Übersetzungen rund um die Gesundheit.

Hessisch	**Hochdeutsch**
bandaaschiere	verbinden
bibbern, de Dadderisch hawwe	zittern
blimmerand, dormelisch	schwindelig
bluudlerr	anämisch
Deedsweh	Kopfschmerzen
Dorschmarsch, flodder Otto	Durchfall
Fiewerdermomeder	Fieberthermometer
gaagse	aufstoßen
Huusdedrobbe	Hustentropfen
Knallaach	Veilchen
Krindschnuut	Herpes
Krotzeweh	Halsschmerzen
Roddsnaas	Schnupfen
Schliwwer	Spreißel
Mer is kotziwwel.	Mir ist schlecht.
Ich han kaan Abbedid.	Ich habe keinen Appetit.

Hessische Spezialitäten: «Aahle Worscht unn grie Soß»

In Hessen wird viel und gern gegessen. Berühmt sind zunächst einmal die Würstchen. Echte «Frankforder Werschtscher» dürfen nicht kochen, sondern müssen acht Minuten ziehen und werden mit einem Brötchen und Senf serviert. «Aahle Worscht» (alte Wurst) ist eine luftgetrocknete Wurst im Ring. Typisch hessisch ist auch das «Rippsche» mit Kraut oder «Krautwickel» (Kohlroulade). Gibt es in den meisten deutschen Landstrichen hierzu die gute alte braune Bratensoße, sieht es auf dem hessischen Teller schon bunter aus: Ihre Soße ist nämlich grün. Statt Schmatzen oder Grunzen gibt es bei ihnen Handkäs mit Musik, und am Ende der Mahlzeit oder zum Kaffee werden «Bethmännchen» vernascht. Also dann: «Guude Abbo!»

Hessisch	**Hochdeutsch**
Bethmännchen	kleine Marzipankugeln
Bobbekischewerschtscher	kleine Kinderwürstchen
Gräädedirsche	Fisch
Grie Soß	kalte Kräutersoße
Grumbeere	Kartoffel
Gummä	Gurke
Guudsje	Bonbon
Haddekuchen	rautenförmiger, harter Kuchen
Handkäs mit Mussigg	Sauermilchkäse mit Zwiebeln
Himmel und Erde	Kartoffelbrei mit Apfelkompott
Kerschemichel	Kirschauflauf
Perrsching, Fäasisch	Pfirsich
Quädschelatwersch	Pflaumenmus
Rippsche mit Kraut	Kotelett mit Sauerkraut
Schlabbegummä	Senfgurke

Liebe Hessen, außerhalb Hessens sollten Sie keine alte Wurst bestellen. Man wird Sie sonst für unkultiviert oder geizig halten – oder Ihnen Gammelfleisch servieren. Damit könnten Sie sich heftig den Magen verderben. Auch die Bestellung eines «Bethmännchens» sowie die Vermischung von Kartoffelbrei und Apfelkompott könnten bei Ahnungslosen für Irritationen sorgen.

Hessische Schimpfwörter: «Grawallschachdl unn Erbbsezählä»

Die wunderbare Vielfältigkeit des hessischen Dialekts wird in keinem Bereich so deutlich wie bei den Schimpfwörtern. Der Hesse schimpft wortreich und mit Genuss. Das Schöne an den hessischen Schimpfwörtern und Flüchen ist, dass sie den Menschen nicht einfach beleidigen, sondern mit bissigem Humor beschreiben. Typisch hessisch eben. Nehmen wir das Wort «Grawallschachdl» und stellen wir uns dabei eine zänkische alte Frau vor, die die ganze Nachbarschaft tyrannisiert. Ist der Umgang mit ihr nicht schon allein dadurch leichter, dass man sie als Krawallschachtel bezeichnet?

Hessisch	**Hochdeutsch**
Aacheverzerwerlä	Schürzenjäger
Asphaltschnepf	Prostituierte
Babbsack	ungepflegte Person
Brillaff	laute Person
Dabbes	ungeschickte Person
Drauerlabbä	Spaßbremse
Eggelunser	neugierige Person
Eigeplackder	in Hessen wohnender Nichthesse

Hessisch	**Hochdeutsch**
Erbbsezählä	Geizhals
Giggelhenn	alberne Person
Grawallschachdl	streitsüchtige Frau
Hannebambel	Dummkopf
Labbeduddel	langweilige Person
Lumbeseggl	hinterhältige Person
Mickeschiss	unbedeutende Person
Muffekopp	Angsthase
Schlabbefliggä	unzuverlässiger Mensch
Simbl (Steigerung: Gwadradsimbl)	einfältige Person
Worzelberscht	unfreundliche Person

Und noch etwas ganz Charmantes zum Abschluss:

«Isch winsch däa Furrunngel an de Aasch unn dse korrze Äamm, dass de disch ned graddse kannschd!» (Ich wünsche dir einen Furunkel an den Hintern und so kurze Arme, dass du dich nicht kratzen kannst.)

Hessische Viechereien: «Do lache jo die Hinggl»

Sollten Sie vorhaben, außerhalb Hessens in der Landwirtschaft zu arbeiten, oder in der Gastronomie beziehungsweise Lebensmittelbranche tätig sein, müssen Sie diesem Teil des Buchs besondere Beachtung schenken. Bei der Bezeichnung von Tieren weicht der hessische Dialekt nahezu 100-prozentig von der deutschen Standardsprache ab. Die hessischen Bezeichnungen für die «Dierschä» ersetzen Sie also besser durch die folgenden hochdeutschen Begriffe.

Hessisch	Hochdeutsch
Aabäämigg	Schmeißfliege
Amääns, Amäänse	Ameise, Ameisen
Babbegai	Papagei
de Foochel, die Fäjel	Vogel, Vögel
Eischherrnsche	Eichhörnchen
Fäad	Pferd
Gaas	Ziege
Gaasbogg	Ziegenbock
Gliggskäwwä	Marienkäfer
Gräädedirschä	kleine Fische
Hinggl, Hinkel, Giggl	Huhn
Kaabfe	Karpfen
Kagalagg	Kakerlake
Labbing	Kaninchen
Meef	Möwe
Migg	Fliege
Miiens, Miinsje	Katze, Kätzchen
Wäddsje	Ferkel
Watz	Eber
Wutz	Schwein

Sprichwörter mit Tieren

«Eme geschenkte Gaul guckt mer net ins Maul.»
«Wann sisch die Katz butzt, kimmt Besuch.»
«Aus ungeleeschde Eier schlubbe kaa Hinkel.»
«Wer de Fuchs fange will, muss mit de Hinkel uffstehn.»

→ Der hessische Wortschatz: Auf einen Blick

- Es gibt mehr als 5000 Begriffe, die nur in der hessischen Mundart vorkommen. Fast alle Hessen sind jedoch in der Lage, ihre Worte so zu wählen, dass sie überall verstanden werden.
- Menschen, die neben dem Hochdeutschen auch einen Dialekt sprechen, verfügen über einen erheblich größeren Wortschatz als reine Hochdeutschsprecher. Nutzen Sie Ihre Vorteile!
- Achten Sie auf Worte, die im Hessischen eine andere Bedeutung als im Hochdeutschen haben.
- Achten Sie auf korrekte Grußformeln. Sie bestimmen den ersten Eindruck, der bekanntermaßen zählt.
- Achtung beim Umgang mit Flüchen und Schimpfwörtern. Nichthessen könnten sich bei nett gemeinten Bezeichnungen wie «Muffekobb» angegriffen fühlen oder Sie für einen ungehobelten Menschen halten.
- Nennen Sie die Tiere bei ihrem hochdeutschen Namen!

Die hessische Grammatik

Während sich der Hesse, bis auf wenige Ausnahmen, im Bereich Wortschatz gut auf nichthessische Gesprächspartner einstellen kann, fällt ihm das in grammatikalischer Hinsicht schon schwerer. Kaum ein Hesse ist sich darüber im Klaren, dass der Satz «Ich bin größer wie du» einen Widerspruch in sich birgt. Auch, dass Nichthessen bei Steigerungen wie «anners – annerschder – am annerschden» schmerzhaft das Gesicht verziehen, ist für die Hessen unverständlich.

Man kann davon ausgehen, dass Dialektsprecher, die viele typisch hessische Worte verwenden, als besonders sympathisch angesehen werden, während bestimmte hessische Satzstellungen und Wortformen in nichthessischen Ohren völlig schief klingen. Dadurch muss der Dialektsprecher empfindliche Einbußen bezüglich seiner kompetenten Wirkung hinnehmen.

Liebe Hessen, die Verwendung typischer Mundartwörter wirkt auf Außenstehende sympathisch. Bei der manchmal nicht ganz korrekten hessischen Grammatik muss der Hesse jedoch empfindliche Einbußen bezüglich seiner Autorität hinnehmen.

Hessische Artikel: «De Gedoffel und es Bleistift»

Im Hessischen gibt es, wie im Hochdeutschen, männliche, weibliche und sächliche Artikel. Während die bestimmten Artikel (der, die, das) im Hessischen in der Regel abgekürzt werden («de'» für der, «d'» für die und «'s» für das), werden diese im Hochdeutschen *grundsätzlich* ausgesprochen. Bei den unbestimmten Artikeln (ein, eine, ein) stimmt im Hessischen der weibliche mit dem sächlichen überein. Im Hochdeutschen ist es jedoch der männliche Artikel, der mit dem sächlichen übereinstimmt.

Hessisch	**Hochdeutsch**
de' (däa) Mann, 'n (änn) Mann	der Mann / ein Mann
d' (dee) Frau, e (ei) Frau	die Frau / eine Frau
's (es) Kind, e (ei) Kind	das Kind / ein Kind

Liebe Hessen, einige Substantive haben im Hochdeutschen auch ein anderes Geschlecht als im Hessischen und daher andere Artikel. Allzu viele sind es nicht, man kann sie daher leicht auswendig lernen.

Hessisch	**Hochdeutsch**
de Album	das Album
de Aa	das A
de Gedoffel	die Kartoffel
de Schogolaad	die Schokolade
die Bach	der Bach
de Bagge	die Backe
die Hoowä	der Hafer
es Gloeds	der Klotz
es Schirds	die Schürze
's Egg	die Ecke
es Blaischdifd	der Bleistift
es Ord	der Ort

Hessischer Kasusgebrauch: «Em Hesse soi Fäll»

Der hochdeutsche Kasusgebrauch ist für den Hessen eine besondere Herausforderung. Bereits bei der Deklination der Artikel gibt es Unterschiede:

	Hessisch	**Hochdeutsch**
Nominativ	e Mann	ein Mann
Genitiv	'm (em) Mann seins	eines Mannes
Dativ	'm (em) Mann	einem Mann
Akkusativ	'n (en) Mann	einen Mann
Nominativ	e Frau	eine Frau
Genitiv	enner Frau ihrs	einer Frau
Dativ	enner Frau	einer Frau
Akkusativ	e Frau	eine Frau

Richtig kompliziert wird es, wenn man den Kasusgebrauch innerhalb von Sätzen betrachtet. Der Hesse verwendet statt des Genitivs eine Dativkonstruktion: «Däss is 'm Hesse soi Genitiv.» Der Vorteil der hessischen Variante ist, dass der Hesse diese Form auch bei der Darstellung komplizierter Besitzverhältnisse innerhalb eines einzigen Satzes mehrfach hintereinander verwenden kann: «Em Heinds soi Chef soim Buub soi Kind», während im Hochdeutschen der Genitiv mit einer von-Konstruktion ergänzt werden muss – «Das Kind der Schwester von Karls Chef» – und dadurch schwerer zu verstehen ist.

Schade, dass der Genitiv in der hochdeutschen Alltagssprache so aus der Mode gekommen ist! Mittlerweile ist es üblich geworden, den Genitiv durch eine Dativ-Konstruktion zu ersetzen. Die hessische Variante wird von den meisten Deutschen deshalb gar nicht mehr als falsch empfunden.

Liebe Hessen, setzen Sie bei wichtigen Geschäftsgesprächen bewusst Genitivformen ein. Damit können Sie mächtig punkten. Aber Achtung, das will gekonnt sein! Es gibt weder der «Schnabel des Rabens» noch «die Kuh des Bauers».

Besonders aufpassen muss der Hesse bei Präpositionalsätzen. Anders als bei der Ersetzung des Genitivs durch eine Dativkonstruktion wirken hessische Satzkonstruktionen wie «Bei den Schnitzel gehören Pommes» oder «Komm bei misch» in höchstem Maße unprofessionell und sollten unbedingt vermieden werden. Im Hochdeutschen muss nach den Präpositionen *mit, aus, außer, bei, nach, nebst, seit, von* und *zu* der Dativ stehen.

Beispiele:

Komm doch heute Mittag zum Essen zu mir. Zum Schnitzel gehören Pommes.

In einigen Fällen verwendet der Hesse den Akkusativ auch statt eines Nominativs: «Ihrn Chef war da» oder «Isch mach bei die Oma» oder den Nominativ statt eines Akkusativs: «Isch kaaf 'n greener Rock» oder «Isch habb koi Luschd fer moi Aafgaabe». Selbst der ganz besonders höflich gemeinte hessische Satz «Isch bin ganz eine Iejä Moinung» (Ich bin ganz Ihrer Meinung) wird bei Ihren hochdeutschen Kollegen nicht gut ankommen.

Hessisch	**Hochdeutsch**
Wääm soi Audo iss'n däss? (Dativ)	Wessen Auto ist das? (Genitiv)
Däss missd dem Schoäsch soins soi. (Dativ)	Das müsste Georgs Auto sein. (Genitiv)
Geh bei de Bäggä. (Akkusativ)	Geh zum Bäcker. (Dativ)
Komm bei misch. (Akkusativ)	Komm zu mir. (Dativ)
Ihrn Baaba war gestorwe. (Akkusativ)	Ihr Vater ist gestorben. (Nominativ)

Hessisch	Hochdeutsch
Isch well 'n greener Rock. (Nominativ)	Ich möchte einen grünen Rock. (Akkusativ)

Die hessische Pluralbildung: «Määdsche – Mädschä»

Im Hessischen finden wir Pluralformen, die es im Hochdeutschen nicht gibt. So macht der Hesse einen Unterschied zwischen dem Mädchen im Singular (Määdsche) und den Mädchen im Plural (Mädschä). Die Umformung des Auslautvokals **e** in ein **ä** verdeutlicht dem Hessen den Plural. Dies gilt unter anderem für alle Worte mit einer Endung auf -chen. Im Hochdeutschen hingegen darf diese Endung nicht verändert werden. Ob von einem oder von mehreren Mädchen die Rede ist, wird im Hochdeutschen lediglich durch den Kontext (und durch den Artikel) klar. Häufig wird der Plural im Hessischen auch durch eine Umformung des Anfangsvokals in einen Umlaut gebildet («Arm – Äam»). Auch hier bleibt im Hochdeutschen der Vokal im Plural erhalten (Arm – Arme).

Die hessische Verniedlichung: «E Tässje Teesche»

Der Hesse liebt es, Dinge zu verniedlichen. Er trinkt «e Fläschje Biersche» und hält «e Schwäddsje», dreht «mit 'm Hundsche e Rundsche ums Karääsche» und küsst im «Bettsche soi Schnuggelsche»! Zur Verniedlichung hat der Hesse vier verschiedene Endsilben zur Verfügung: -**sche** und -**je** für den Singular, -**schä** oder -**jä** für den Plural. Das stimmhafte -**je**, -**jä** steht nur nach Zischlauten (**sch, ch, s** oder **z**). In allen anderen Worten wird die Endsilbe mit dem stimmlosen Zischlaut **sch** gebildet.

Hessisch	Hochdeutsch
’s Bettsche	das Bettchen
de Bettschä	die Bettchen
’s Fläschje	das Fläschchen
de Fläschjä	die Fläschchen
’s Häusje	das Häuschen
de Häusjä	die Häuschen
’s Küssje	das Küsschen
de Küssjä	die Küsschen
’s Wäammsche	das Würmchen
de Wäammschä	die Würmchen

Nun gibt es im Hessischen nicht nur die einfache Verniedlichung, es gibt sogar die Verniedlichung der Verniedlichung. Hierfür wird zwischen das Wort und die Verniedlichungs-Endung noch ein -el geschoben: «Blimmelsche» (Blümchen), «Häadselsche» (Herzchen), «Määdelsche» (Mädchen), «Schdiggelsche» (Stückchen), «Wäjelsche» (Wägelchen). Die doppelte Verniedlichung findet bei sehr kleinen oder «schnuckelesche» Dingen Anwendung. So ist das «Blimmelsche» ein besonders kleines und niedliches Blümchen.

Liebe Hessen, lassen Sie sich nicht verunsichern. Auch im Hochdeutschen gibt es die Verkleinerungsform, sie müssen lediglich die hessischen Endungen durch -chen ersetzen. Allerdings darf nicht alles verniedlicht werden. Hochdeutsche Geschäftsleute treffen sich niemals auf «Paadiesches».

Die hessischen Verben: «Isch duh haam mache»

Das wichtigste Verb der Hessen ist *machen*, denn damit lässt sich eigentlich alles ausdrücken, was ein Hesse so tun muss:

Hessisch	**Deutsch**
bei die Oma mache	die Oma besuchen
de Digge mache	angeben
de Gaddä mache	den Garten richten
de Offebäschä mache	Insolvenz beantragen
fäddisch mache	erledigen
haam mache	nach Hause gehen
hinnähääa mache	verfolgen
hinne mache	sich beeilen
hinnerumm mache	intrigieren
in die Fäddän mache	zu Bett legen
in die Kissd mach	sterben
ind' Aweit mache	zur Arbeit gehen
middenannä mache	eine Partnerschaft eingehen
niwwä/nunnä mache	nach drüben/unten gehen (auswandern)
's Mimmääsje mache	sich überempfindlich stellen
sisch en Kobb mache	grübeln
sisch foädd mache	verschwinden
soin Schaff mache	seine Pflichten erledigen
uff die Mess mache	sich auf dem Rummel amüsieren gehen

Liebe Hessen, es ist sehr praktisch, wenn man nur ein einziges Verb benutzen muss. Bei Ihren hochdeutschen Gesprächspartnern kommt das jedoch gar nicht gut an. Hier sollten Sie lieber mit einem reichen Wortschatz glänzen. Versuchen Sie daher, jedes *machen* durch ein anderes Verb zu ersetzen.

Das Hilfsverb *tun*

Wenn der Hesse seinen Aktivitäten besonderen Nachdruck verleihen möchte, stellt er vor das entsprechende Verb das Hilfsverb *tun*. Beispiel: «Isch duh laafe» oder «Isch duh bei die Oma esse». Dieser Nachdruck ist dem Hessen besonders dann wichtig, wenn er sich geärgert hat: «Isch duh mä doch daa niggs aahänge lasse, hää?!» (Sie wollen doch nicht etwa mir die Schuld dafür geben?!)

Hessisch	**Hochdeutsch**
Isch duh laafe.	Ich laufe.
Isch duh haam mache.	Ich gehe nach Hause.
Isch duh misch foädd mache.	Ich verschwinde.
Isch duh misch in die Fäddän mache.	Ich lege mich schlafen.
Isch duh bei die Awweit mache.	Ich gehe jetzt arbeiten.

Auch für den hessischen Konjunktiv ist das Hilfsverb *tun* unerlässlich:

Hessisch	**Hochdeutsch**
Isch dääd kimme.	Ich würde kommen (ich käme).
Wann se nur aarufe dääd.	Wenn sie nur anrufen würde (anriefe).
Tennis dääd isch nie mache.	Ich würde nie Tennis spielen.

Liebe Hessen, auf das Hilfsverb *tun* sollten sie möglichst gsanz verzichten. In der Regel reicht ein einfaches Verb aus. Um der Tätigkeit dennoch besonderen Nachdruck zu verleihen, können Sie zum Beispiel mit dynamischen Betonungen (Lautstärken) arbeiten. Das wirkt sachlicher und kompetenter.

Hessischer Hyperlativ: «Anners – annerschdä – am annerschden»

Die Hessen drücken sich gerne bildlich aus. Entsprechend reich ist ihr Wortschatz im Bereich der Adjektive, und entsprechend vielfältig ist der sprachliche Umgang mit diesen. Besonders häufig ist die Substantivierung der Adjektive, wie wir sie zum Beispiel bei den hessischen Personenbeschreibungen finden: «Krimmelkagger» (eine pedantische Person), «Sauerdibbe» (eine schlechtgelaunte Person) oder «Schdinkwatz» (schlechtriechende Person). Des Weiteren ist im Hessischen das Steigern von Superlativen üblich. «Der is ganz annerschder wie mir» (Er ist ganz anders als wir).

Hessisch	**Hochdeutsch**
aanzisch – aanzischä – am aanzischsten	einzig
allans – allanä – am allansden	allein
anners – annerschdä – am annerschden	anders
obtimaal – obtimalä – am obtimaalsten	optimal

Auch in der deutschen Geschäftssprache findet man den Hyperlativ. So sprechen auch Führungskräfte gerne von der «einzigsten» oder «bestmöglichsten» Lösung, der «optimalsten» Strategie und loben die «höchstwertigste» Ausstattung. Teenager schwärmen für den «bestaussehendsten» Schauspieler, oder Taucher suchen den «tiefstgelegensten» Punkt. Das ist zwar alles falsch, aber man befindet sich damit in guter Gesellschaft, denn sogar Goethes Faust mahnte: «Durchgrüble nicht das einzigste Geschick!»

Liebe Hessen, mit substantivierten Adjektiven begeistern Sie Ihre Zuhörer. Aber heben Sie sich von den Sprachpanschern ab und verwenden Sie keine Hyperlative. Die obengenannten Adjektive haben die höchste Stufe schon erreicht und sind daher nicht steigerungsfähig.

Hessische Vergleiche: «Und bin so klug als wie zuvor»

«Hier steh ich nun, ich armer Tor, und bin so klug als wie zuvor.» Diesen Satz finden wir in Goethes Faust. Der Hesse Goethe schrieb diese Vergleichsform allerdings, bevor in Deutschland einheitliche Grammatikregeln festgelegt wurden. Sie gilt heute nicht nur als veraltet, sondern als falsch. Möchten wir den Satz in einwandfreiem Hochdeutsch wiedergeben, müssen wir entweder «Ich bin so klug wie zuvor» oder «Ich bin nicht klüger als zuvor» sagen.

Bei Gleichheit müssen wir *wie* verwenden und bei einem Unterschied *als*. Die veraltete Form aus Goethes Faust finden wir im heutigen Hessisch noch vor, der moderne Hesse vergleicht aber eher mit *wie*: «uffdringlisch wie en Schmaasädd» (aufdringlich wie eine Schmeißfliege) oder «Hogg nädd daa wie en Schobbe Rodds in de Koäff!» (Sitz nicht da wie ein Glas Rotz in der Kurve!) Das ist in diesen Fällen auch korrekt. Anders sieht es aus, wenn der Hesse ausdrücken möchte, dass etwas größer, besser, schöner, schneller *als* etwas anderes ist. In diesem Fall verwendet er nämlich konstant *wie*. Moi Roschdlaub is horddische wie daans (Mein Auto ist schneller als deins). Das verwirrt Hochdeutschsprecher. Denn: Wie kann ein Mensch größer sein als ein anderer, aber gleichzeitig auch so groß *wie* dieser?

Hessisch	Hochdeutsch
Des is als noch so wie friä.	Das ist noch so wie früher.
De Karl is größer wie de Peter.	Karl ist größer als Peter.
’s Sabinsche is klaaner wie die Ruth.	Sabine ist kleiner als Ruth.
Moi Roschdlaub is horddische wie daans.	Mein Auto ist schneller als deins.
Isch schaffe mäi wie du.	Ich arbeite mehr als du.
Wie is leichtä wie als.	Wie ist leichter als als.

Liebe Hessen, sobald Sie sich eingeprägt haben, dass der Peter größer *als* Paul ist, sollten Sie sich noch merken, dass Sie an manchen Stellen mit einem *als* auch falschliegen können. Im folgenden Satz ist es nämlich an beiden Stellen vollkommen überflüssig: «Hadzudaach machd mäa däss als noch soo als wie dunnemools» (Heutzutage macht man es noch so wie damals).

Hessische Interjektionen: «Ei, horchemol, hää?»

Sprachhistoriker gehen davon aus, dass die ersten Wörter der Menschen Interjektionen (Empfindungswörter) waren. Aus diesem Grund wird die Wortart auch Urworte genannt. In Alltagsgesprächen treten sie häufig auf. Hessen sind in der Lage, sich ganze Abende lang angeregt zu unterhalten und dabei lediglich mit diesen Urwörtern auszukommen. Je nach Tonfall kann die Bedeutung hierbei endlos variieren. Die prototypische Interjektion zu Einleitung eines Satzes im Hessischen ist «ei»: «Ei, guggemooldaa, de Schosch!» (Sieh mal einer an, der Georg!) An das Satzende stellt der Hesse gerne ein «häää». Es verdeutlicht die Dringlichkeit seiner Aussage. «Du häsd doch en Dubbe, häää?»

(Du spinnst wohl?) oder «Ei, guude, wie dann, hää?» (Hallo, guten Tag, wie geht's dir denn so?) Möchte der Hesse unbedingt eine Reaktion auf seine Frage, schiebt er ein «gäll» hinterher. «So kann mä nädd midere alde Fraa rädde, gäll?»

Hessisch	**Hochdeutsch**
Ei, horchemol …	Hör mal …
Ei, guggemol …	Schau mal …
Ei, sachemol …	Sag mal …
Ei, machemol …	Kannst du mal …
Gäll?	Stimmt's?
Häää? (Betonung)	Nicht wahr?
Hä?	Wie bitte?

Liebe Hessen, Interjektionen sind Ausdruck emotionaler Beteiligung. Je sachlicher die Gespräche verlaufen, desto weniger Urworte sollten Sie verwenden. In der Schriftsprache sind Empfindungsworte selten, und in Sachtexten haben sie gar nichts zu suchen.

Hessische Relativsätze: «De wo, die wo, es wo»

Im Hessischen wird für die Einleitung eines Relativsatzes in der Regel das Pronomen «wo» statt der Relativpronomen der, die und das etc. verwendet. «Ei guggemol, des isch doch die, (die) *wo* uff em ledschde Bedriebsfeschd dodaal besoffe waa» (Schau mal, das ist doch die, *die* auf dem letzten Betriebsfest betrunken war) oder «Der wo die Aaweid erfunne hod, muss nigs dsu duun gehabbd hawwe» (Derjenige, der die Arbeit erfunden hat, muss nichts zu tun gehabt haben).

Damit gibt es einen gravierenden Unterschied zur Standardsprache. Der große Nachteil der hochdeutschen Variante ist, dass das Relativpronomen im Gegensatz zum Hessischen «wo» dekliniert werden muss:

Hessisch	**Hochdeutsch**
Däss iss d' Fraa, (die) wo isch moi.	Das ist *die* Frau, *die* ich meine.
Däss iss de Mann, (de) wo isch moi.	Das ist *der* Mann, *den* ich meine.
Däss iss 's Kend, (es) wo isch moi.	Das ist *das* Kind, *das* ich meine.

Und hier noch ein guter Rat für Ihre Kinder:
«Nämm kaa Guudsje von em Onggel, (dään) wo de nääd kännsd.»
(Nimm kein Bonbon von einem Onkel, den du nicht kennst.)

Liebe Hessen, seien Sie mit dem Wörtchen *wo* sehr vorsichtig. Nicht nur in den obengenannten Relativsätzen, auch als Ersatz für *als* kann man es nicht verwenden: «Wo mäa noch dsamme warre» (Als wir noch zusammen waren). *Wo* dient lediglich der Klärung von Ortsangaben!

Hessischer Satzbau: «Warum dann aafach, wanns aach zwaafach geht?»

> «Isch saach garnix, unn des werd isch doch noch saache derfe.»
> *(Redensart)*

Beim Satzbau zeigen die Hessen eine große Liebe zum Detail. Hier eine kleine Wiederholung, da eine winzige Ergänzung, und schon haben wir einen typisch hessischen Satz.

Liebe Hessen, es ist herrlich, Ihren Geschichten zu lauschen. Im Geschäftsleben müssen Sachverhalte aber meist kurz und präzise auf den Punkt gebracht werden. Daher hier ein paar typisch hessische Sätze und die gekürzte hochdeutsche Variante, auf die Sie im beruflichen Umfeld unbedingt zurückgreifen sollten.

Hessisch	**Hochdeutsch**
Der will mich als aarufe.	Er möchte mich anrufen.
Ma weiß als, wie falsch dass es iss.	Man weiß, dass es falsch ist.
Nix Genaues waaß mer net.	Man weiß nichts Genaues.
Isch waas net, wie däa das wisse hat kenne.	Ich weiß nicht, wie er das wissen konnte.
Isch waas net, warum, dass däa nädd kommd.	Ich weiß nicht, warum er nicht kommt.

Etwas übergründlich sind die Hessen auch bei der Bildung von Vergangenheitsformen. Aussagen wie «Das hab ich gemacht gehabt» oder «Da war ich gewesen» drücken im Hessischen nicht etwa das Plusquamperfekt (die Vorvergangenheit), sondern meist das Imperfekt (die einfache Vergangenheit) aus.

→ Die hessische Grammatik: Auf einen Blick

Was Sie im Gespräch mit Nichthessen beachten sollten:

- Es gibt einige wenige Artikel, die im Hessischen anders gebildet werden als im Hochdeutschen. Lernen Sie sie auswendig.
- Der Genitiv ist eine sprachliche Königsdisziplin. Sagen Sie statt «em Heinds soi Vordrag» entweder «der Vortrag von Heinz» oder noch schöner: «Heinz' Vortrag». Sie werden Eindruck schinden.
- Ersetzen Sie die Hilfsverben tun und machen möglichst durch andere Verben.
- Lernen Sie die Adjektive, die nicht gesteigert werden dürfen, auswendig.
- Verniedlichen Sie nur, wenn Sie etwas Kleines oder besonders Liebevolles beschreiben.
- Vermeiden Sie das Wörtchen «wo» in Relativ- und Nebensätzen, es sei denn, Sie machen eine Ortsangabe.
- Niemals kann etwas größer oder schöner wie etwas anderes sein. In Fällen einer Abweichung heißt es immer als.
- Empfindungswörter sollten Sie in sachlich orientierten Geschäftsgesprächen vermeiden.
- Verzichten Sie auf als und das, wenn sie nur unnötige Füllwörter sind. Sie sind überflüssig und verwirren Ihre nichthessischen Gesprächspartner.

Die hessische Artikulation

Wenn Hessen im Gespräch mit Nichthessen Verständigungsprobleme haben, ist meist weder die hessische Grammatik noch der hessische Wortschatz dafür verantwortlich. Es ist vorrangig die hessische Aussprache, die zu Unverständnis und, im schlimmsten Falle, zur Belustigung führt. Besonders das Weglassen einzelner Laute, zum Beispiel des **r**, führt zu Verständnisschwierigkeiten.

Die Probleme beginnen bereits in Hessen selbst. So spricht man in Südhessen viele Laute ganz anders aus als in Nordhessen, und auch bei ihrer Zusammensetzung zu Worten gibt es riesige regionale Unterschiede. So wird in einigen Regionen das **f** in der Lautverbindung **pf** weggelassen. Auch bei der Färbung der Vokale kann ein Hesse genau hören, ob der Sprecher aus der Gegend um Mainz, Frankfurt oder Kassel kommt. Es gibt aber auch viele Gemeinsamkeiten. Fast alle Hessen ersetzen das **ch1** (den ich-Laut) durch ein **sch**, das **ö** durch ein **e** und die Endung **-er** durch ein **ä**.

Folgende Beispiele zeigen die Verständnisprobleme auf:

Der Hesse sagt	**Der Hesse meint**	**Der Nichthesse versteht**
aal	alt	Aal (Schlangenfisch)
aasch	arg	Arsch
Babier	Papier	Frisör
Daach	Tag	Dach
Dudd	Tüte	Dutt
Feen	Föhn	Feen (Fabelwesen)
Feier	Feuer	Feier
Zeh	zehn	Zehe
Fieeß	Füße	fies
Gaas	Geis	Gas

Der Hesse sagt	Der Hesse meint	Der Nichthesse versteht
Krigg	Krücke	Krieg
Leid	Leute	Leid
Maache	Magen	machen
Maggd	Markt	Magd
Nee	Nähe	nein
Niss	Nüsse	Nisse
Pelzä	Pfälzer	Pelze
Puul	Jauche	(Swimming-)Pool
Raat	Ratte	Rad
trieb	trüb	Trieb

Es ist kaum möglich, ein Regelwerk für den hessischen Dialekt zu erstellen. Viel leichter haben wir es da mit dem Hochdeutschen. Die deutsche Standardaussprache ist klar festgelegt und kann durch das Internationale Phonetische Alphabet (IPA) leicht aufgeschrieben werden.

Bevor wir uns jedoch in die Arbeit an den einzelnen hochdeutschen Lauten stürzen, ist es nötig, die Grundlage für eine präzise, deutliche Aussprache zu schaffen. Die Hochsprache verlangt folgende technische Voraussetzungen:

- eine lockere und aktive Zungenmuskulatur
- eine lockere und aktive Lippenmuskulatur
- eine ausreichende Kieferöffnung (der Zahnreihenabstand bei den Vokalen sollte ungefähr daumendick sein)
- gerundete Lippenöffnung (kein Lippenbreitzug)
- Zungenspitzenkontakt mit unteren Schneidezähnen (die Zunge darf beim Sprechen nicht in den Hals fallen)

Zur Schaffung dieser Grundlagen folgen nun einige Übungen.

Übungen zur Unterstützung einer deutlichen Aussprache

Lippenübungen

- Lippen mit den Fingern massieren und abklopfen
- Lippen flattern lassen (Pferdeschnauben)
- Lippen abwechselnd spitzen (Schnute) und breit ziehen (Lachmund)
- Kussmund bilden und nach links und rechts schieben
- Wangen einsaugen und Lippen bewegen (Hasenmäulchen)
- Lippen platzen lassen
- Wangen mit geschlossenem Mund aufblasen und platzen lassen
- Luft oder Wasser von einer Wange in die andere bringen
- pfeifen
- große und kleine «O» formen

Zungenübungen

- Zunge schnell raus- und reinbringen. Mund dabei leicht öffnen, Kiefer stillhalten
- Zunge schnell von einem Mundwinkel zum anderen bewegen, Kiefer stillhalten
- Zunge im Wechsel zu Nase und Kinn bringen
- Schnalzen (vorne, mittig, hinten)
- Zungenspitze hinter den unteren Schneidezähnen festhalten, Zungenrücken herauswölben und wieder reinnehmen (pleueln)
- mit der Zunge «Zähne putzen» (Außen- und Innenseite)
- mit der Zunge die Lippen ablecken
- Zunge zehn Sekunden rausstrecken und halten

Artikulationsübungen

ba – be – bi – bo – bu – bei – beu – bau
da – de – di – do – du – dei – deu – dau
fa – fe – fi – fo – fu – fei – feu – fau
ga – ge – gi – go – gu – gei – geu – gau ...

Gehen Sie auf diese Weise alle Konsonanten des Alphabets durch.

Daumensprechen

Das Daumensprechen führt zu einer größeren Kieferöffnung und präziseren Artikulationsbewegungen. Es ist eine der wirksamsten Übungen für eine deutliche Aussprache. Es funktioniert im Prinzip genau wie das vielen bekannte Korkensprechen. Der Vorteil des Daumensprechens ist jedoch, dass das Kiefergelenk dabei locker bleibt.

Übung

Zählen Sie zunächst bis zehn und achten Sie auf Ihre Artikulation und Stimme. Winkeln Sie nun den Daumen an und stecken Sie sich das Daumengelenk quer zwischen die Zähne. Zählen Sie nun ganz deutlich, präzise und langsam bis 20. Achten Sie darauf, dass Sie dabei nicht auf den Daumen beißen, sondern mit großen Artikulationsbewegungen über den Daumen drüber artikulieren, und bemühen Sie sich – trotz des Hindernisses – um eine äußerst deutliche Aussprache. Nehmen Sie nun den Daumen aus dem Mund, zählen Sie noch einmal und achten Sie dabei auf die Veränderung Ihrer Artikulation und Stimme. Die Artikulation fällt Ihnen nun viel leichter: Sie sprechen ohne Anstrengung deutlicher. Durch die vergrößerte Mundöffnung verbessern Sie zudem die Resonanz, Lage und Tragfähigkeit Ihrer Stimme.

Artikulationsübungen auf Textebene

Nun nützt es Ihnen wenig, wenn Sie hier bei den «Trockenübungen» eine große Kieferöffnung und präzise Lippen- und Zungenbewegungen haben. Entscheidend ist die Übertragung der verbesserten Sprechtechnik auf die Spontansprache. Auf der folgenden Seite finden Sie ein Gedicht von James Krüss, das sich besonders für das Üben einer deutlichen Artikulation eignet. Lesen Sie das Gedicht laut vor und achten Sie dabei auf eine präzise Ausformung jedes einzelnen Lauts. Versuchen Sie durch diese «plastische Artikulation» das Feuer erlebbar zu machen.

Das Feuer

Hörst du, wie die Flammen flüstern,
Knicken, knacken, krachen, knistern,
Wie das Feuer rauscht und saust,
Brodelt, brutzelt, brennt und braust?

Siehst du, wie die Flammen lecken,
Züngeln und die Zunge blecken,
Wie das Feuer tanzt und zuckt,
Trockne Hölzer schlingt und schluckt?

Riechst du, wie die Flammen rauchen,
Brenzlig, brutzlig, brandig, schmauchen,
Wie das Feuer, rot und schwarz,
Duftet, schmeckt nach Pech und Harz?

Fühlst du, wie die Flammen schwärmen,
Glut aushauchen, wohlig wärmen,
Wie das Feuer, flackrig, wild,
Dich in warme Wellen hüllt?

Hörst du, wie es leiser knackt?
Siehst du, wie es matter flackt?

Riechst du, wie der Rauch verzieht?
Fühlst du, wie die Wärme flieht?

Kleiner wird der Feuerstraus:
Ein leises Knistern,
Ein feines Flüstern,
Ein schwaches Züngeln,
Ein dünnes Ringeln – aus.
James Krüss

Die plastische Artikulation

Über die deutsche Sprache wird oft gesagt, sie sei hart und unmelodiös. Das liegt daran, dass sie – besonders im Vergleich zu den romanischen Sprachen, die viele Vokale enthalten – überwiegend aus Konsonanten besteht. Wenn man sich näher mit der Artikulation beschäftigt, merkt man jedoch, dass das Wort «Härte» durch ein anderes, positiveres ausgetauscht werden muss: Präzision. Es ist die Liebe zum Detail, die die deutsche Hochsprache auszeichnet. Die Beschäftigung mit der plastischen Artikulation anhand des Gedichts verdeutlicht, dass die Bezeichnungen keinesfalls beliebig gewählt wurden. Worte wie *brodeln* und *brutzeln* oder *knicken* und *knistern* könnten nie ersetzt werden: Die deutliche Artikulation der Konsonanten macht den Inhalt des Wortes bereits hörbar, das tz in *brutzeln* lässt uns das Geräusch förmlich erleben. Ebenso wie das st in *knistern* das Feuer hörbar macht. Die Folge einer guten Artikulation ist also sowohl die Verbesserung der Verständlichkeit als auch die akustische Verdeutlichung von Informationen.

Liebe Hessen, nachdem Sie mit den Übungen nun eine ideale technische Basis geschaffen haben, können wir uns an die etwas tiefer gehende Arbeit machen: die Artikulation der einzelnen Laute. Lassen Sie uns zunächst einen Blick auf das Internationale Phonetische Alphabet werfen.

Das phonetische Alphabet der Vokale

Zeichen	Variante	Beispiel
a:	lang	**A**meise, V**a**ter
a	kurz	Sch**a**tten, w**a**nn
ɑ	vokalisiertes R	Wass**er**, blech**er**n
e:	lang geschlossen	g**e**ben, **e**wig
e	kurz geschlossen	Fremdwortversion
ɛ	kurz offen	H**e**cke, B**ä**cker, **E**nde
ɛ:	lang offen	K**ä**se, **äh**nlich
ə	Schwalaut	bitt**e**, b**e**greifen
i:	lang geschlossen	Kn**ie**, V**ie**h
ı	kurz geschlossen	Fremdwortversion
ı	kurz offen	m**i**t, T**i**sch
o:	lang geschlossen	B**o**te, **O**fen, r**oh**
ɔ	kurz offen	G**o**tt, P**o**st, **o**ffen
o	kurz geschlossen	Fremdwortversion
ø:	lang geschlossen	sch**ö**n, gew**öh**nlich
œ	kurz offen	k**ö**nnen, **ö**ffentlich
u:	lang geschlossen	K**uh**le, Bl**u**t
ʊ	kurz offen	Schl**u**ck, L**u**ft
u	kurz geschlossen	Fremdwortversion
y:	lang geschlossen	**ü**ber, k**üh**l
y	kurz offen	d**ü**nn, l**ü**ften

Das phonetische Alphabet der Diphthonge

ae L**ei**m, M**ai**s
ao H**au**s, **Au**to
ɔø H**eu**, L**äu**fer, n**eu**

Das phonetische Alphabet der Konsonanten

[b] **B**iene, a**b**er
[p] **P**apier, Ma**pp**e, a**b**
[d] **d**ann, La**d**en
[t] **T**ag, Fe**tt**, Gel**d**
[g] **g**ehen, La**g**er
[k] **K**atze, Schre**ck**
[f] **V**ater, Lö**ff**el, Cal**w**
[v] **V**ase, Lö**w**e, **W**inter
[s] **S**ex, Ra**s**t, Gla**s**
[z] **S**ee, Wie**s**e, Gla**s**er
[ʃ] **Sch**ule, **St**ier, **Sp**ur
[ʒ] Gara**g**e, **G**endarmerie
[x] la**ch**en, Bu**ch**t, do**ch**
[r] **r**ot, d**r**ei
[ç] i**ch**, trauri**g**, **Ch**ina
[j] **j**ung, **Y**acht
[h] **H**aus, **H**und
[m] **M**aus, a**m**, Da**mm**
[n] **N**ord, La**n**d, Ka**nn**e
[l] **L**amm, Ö**l**, Ba**ll**
[ŋg] la**ng**, si**ng**en

Die Vokale – das A

Die hessische Lautbildung

Der Hesse neigt dazu, ein hochdeutsches langes **a** eher wie ein hochdeutsches langes **o** zu sprechen: «Schlof» (Schlaf). Vor den Lauten -**n**, und -**l** wird aus einem kurzen **a** oft ein langes: «aagucke» (angucken).

Die hochdeutsche Lautbildung

Die Zunge liegt flach und locker im Mundboden und berührt mit der Spitze die unteren Schneidezähne. Die Lippen werden weder gerundet noch breit gezogen, und der Kiefer fällt nach unten, bis ein Widerstand zu spüren ist. Der Laut wird lang gesprochen, wenn nur ein Konsonant folgt (H**a**se, W**a**gen), und kurz gesprochen, wenn mehrere Konsonanten folgen (H**a**ss, w**a**ckeln). Beide Varianten werden offen gebildet.

Lautübung

- Sprechen Sie ein kräftiges **A**.

  Achten Sie beim Sprechen darauf, dass keinerlei Anspannung im weichen Gaumen stattfindet, dass der Mund weit geöffnet ist (mindestens daumendick) und sowohl die Lippen als auch die Zunge vollkommen locker bleiben! Das lange **a** wird nicht gerundet und dadurch nicht zum **o**.

Liebe Hessen, bitte beachten Sie die obengenannten Artikulationsregeln und sprechen Sie die folgenden Übungen:

Silbenübung

ba – da – fa – ga – ha – ja – ka – la – ma – na – pa – ra – sa – ta – wa – za

Wortübung

Achten Sie darauf, dass sowohl die kurzen als auch die langen A-Laute offen gesprochen werden und keine Nasalität zu hören ist (Gaumensegel locker lassen).

Ahne – Anne	Aale – alle
amen – Ammen	Bahn – Bann
Kahn – kann	kam – Kamm
Lachen – lachen	lahm – Lamm

Satzübung

Der lahme Ahne ahnte, dass das, was er dachte, anfangs falsch war.

Die Vokale – das E

Die hessische Lautbildung

Ein langes, geschlossenes **e** wird im Hessischen oft zum kurz offenen **ä**. «Äwe» (eben), «Färje» (Ferien), «abgeläche» (abgelegen).

Die hochdeutsche Lautbildung

Im Hochdeutschen gibt es vier verschiedene E-Laute:

Bildung	IPA	Regel	Beispiel
Schwalaut	[ə]	in Vor- und Nachsilben	beraubt, Mühe
kurz offenes e	[ɛ]	mehrere Konsonanten folgen	Ernst, Fest

lang geschlossenes e	[e:]	nur ein Konsonant folgt	Emil, Zeh
lang offenes e	[ɛ:]	nur ein Konsonant folgt	Ähre, Käse

Lautübung

- Sprechen Sie ein kräftiges **E**.

Achten Sie beim Sprechen darauf, dass Sie die Lippen locker lassen und den Mund nicht in die Breite ziehen. Dieser lang geschlossene E-Laut wird gesprochen, wenn nur ein Konsonant folgt. Beispiele: Esel, Wesen, Schnee.

Lautübung

- Sprechen Sie ein kräftiges, kurzes **Ä**.

Öffnen Sie Ihren Kiefer hierbei etwas mehr als beim E. Achten Sie beim Sprechen darauf, dass Sie den Laut nicht dehnen, sondern kurz sprechen und die Lippen dabei locker bleiben. Dieser kurz offene E-Laut wird gesprochen, wenn mehrere Konsonanten folgen. Beispiele: Essen, Westen, schnell. Er wird identisch gesprochen, wie das kurze **ä** in Nässe, Wäsche, Ställe. Es besteht also kein akustischer Unterschied zwischen Recht und rächt oder Welle und Wälle.

Lautübung

- Sprechen Sie ein kräftiges, langes **Ä**.

Achten Sie beim Sprechen sehr darauf, dass Sie die Lippen nicht in die Breite ziehen. Das lange offene **e** wird nur gesprochen, wenn in der Schriftsprache ein durch **h** gedehntes **ä** steht oder dem **ä** nur ein Konsonant folgt. Beispiele: **Ä**hren, n**ä**seln, K**ä**se, st**ä**hlern.

Lautübung

- Sprechen Sie einen Schwalaut.

Der Schwalaut wird völlig ohne Artikulationsspannung artikuliert. Wir finden ihn nur in den Vorsilben **be**- und **ge**- und in den Nachsilben -**e**, -**en**, -**ent**, -**el**. Er darf auf keinen Fall übertrieben deutlich gesprochen werden (siehe auch: *Honorationshessisch*), sollte aber auch nicht ganz verschluckt werden. Tendenziell geht er in Richtung eines schwachen offenen **ö**.

Liebe Hessen, bitte beachten Sie die obengenannten Artikulationsregeln und sprechen Sie die folgenden Übungen:

Silbenübung

be – de – fe – ge – he – je – ke – le – me – ne – pe – re – se – te – we – ze

Wortübung

Achten Sie darauf, dass Sie die offenen E-Laute wirklich offen sprechen (wie ein kurzes **ä**) und die geschlossenen im Gegensatz dazu eindeutig geschlossen (wie das **e** in Emil).

lang geschlossen	**lang offen**	**kurz offen**
beten	bäten	Betten
legen	lägen	lecken
Segen	sägen	Säcke
Redner	Räder	Retter
Seele	Säle	Stelle

Satzübung

Es streben der Seele Gebete den helfenden Engeln entgegen.

Die Vokale – das I

Die hessische Lautbildung

In vielen hessischen Regionen wird ein kurzes, offenes **i** zum **e**: «Kend» (Kind), «erschendwann» (irgendwann). Vor **r** wird das **i** (lang oder kurz) zu **äa**, wobei das **r** entfällt. «Wäadschaft» (Wirtschaft), «wäaglisch» (wirklich), «Käasch» (Kirche), «fäadsisch» (vierzig). In einigen Worten wird auch ein langes **i** kurz gesprochen: «Fridde» (Frieden), «geschribbe» (geschrieben).

Die hochdeutsche Lautbildung

Der Kiefer ist leicht geöffnet, die Lippen sind locker. Der vordere Zungenrücken hebt sich leicht an. Beim lang geschlossenen **i** (Igel) wird die Artikulationsmuskulatur stärker angespannt. Beim kurz offenen **i** (Insel) ist die Zunge erheblich lockerer und der Kiefer weiter geöffnet.

Bildung	**IPA**	**Regel**	**Beispiel**
lang geschlossenes i	[iː]	nur ein Konsonant folgt	Igel, Wiese
lurz offenes i	[ɪ]	mehrere Konsonanten folgen	Trick, Mist

Lautübung

- Sprechen Sie ein kräftiges **I**.

  Achten Sie beim Sprechen darauf, dass Sie die Lippen locker runden und der Zahnreihenabstand mindestens daumendick ist.

Liebe Hessen, bitte beachten Sie die obengenannten Artikulationsregeln und sprechen Sie die folgenden Übungen:

Silbenübung

bi – di – fi – gi – hi – ji – ki – li – mi – ni – pi – ri – si – ti – wi – zi

Wortübung

Achten Sie darauf, dass Sie bei den folgenden Wortübungen einen deutlichen Unterschied zwischen **i** und **e** machen.

lang geschlossenes i	kurz offenes i	kurz offenes e
Biene	binnen	brennen
Bier	Birne	Bert
Kiesel	Kissen	Kessel
schielen	schillern	schellen

Textübung

Immer find’ ich dich in tiefem Sinnen;
Sinnst der Pflicht nach, die dich zu mir trieb?
Doch ich will dich nimmer so gewinnen,
siehe! Erzwingen lässt sich nicht die Lieb.
L. Rollet

Die Vokale – das U

Die hessische Lautbildung

Das hochdeutsche kurze **u** wird im Hessischen oft zum **o**: «dorsch» (durch), «Woascht» (Wurst), «Jong» (Junge).

Die hochdeutsche Lautbildung

Der Kiefer ist geöffnet, die Lippen sind gerundet und vorgewölbt. Der hintere Zungenrücken hebt sich an. Beim lang geschlossenen **u** (Beispiel: Ruhe) wird die Artikulationsmuskulatur stärker angespannt, beim kurz offenen **u** (Beispiel: rund) sind die Lippen erheblich lockerer und weniger gerundet.

Lautübung

- Sprechen Sie ein kräftiges **U**.

  Achten Sie beim Sprechen darauf, dass Sie die Lippen gut runden.

Liebe Hessen, bitte beachten Sie die obengenannten Artikulationsregeln und sprechen Sie die folgenden Übungen:

Silbenübung

bu – du – fu – gu – hu – ju – ku – lu – mu – nu – pu – ru – su – tu – wu – zu

Wortübung (Wechsel von **o** und **u**)

Boden – Buden	Bog – Bug	Brot – Brut
Chor – Kur	groß – Gruß	Hohn – Huhn
Kohlen – Kuhlen	Mond – Mund	Moos – Mus
Ohr – Uhr	Rom – Ruhm	toben – Tuben

Textübung

Kunst und Natur
Sei auf der Bühne eines nur!
Wenn Kunst sich in der Natur verwandelt,
so hat Natur mit Kunst gehandelt.
Gotthold Ephraim Lessing

Die Umlaute – das Ö

Die hessische Lautbildung

Im Hessischen wird der Umlaut **ö** häufig zu wenig gerundet und zu hell gesprochen und wird dadurch zum **e**: «Eel» (Öl). Das kann, neben Problemen in der akustischen Verständlichkeit, auch zu inhaltlichen Missverständnissen führen, so zum Beispiel beim hessischen «Hell», was Hölle bedeutet, aber mit hell verwechselt werden könnte.

Die hochdeutsche Lautbildung

Der Kiefer ist geöffnet, die Lippen sind gerundet und vorgewölbt. Der hintere Zungenrücken hebt sich leicht an. Beim lang geschlossenen **ö** (**Ö**fen) wird die Artikulationsmuskulatur stärker angespannt. Beim kurz offenen **ö** (**ö**ffnen) sind die Lippen erheblich lockerer und weniger gerundet.

Lautübung

- Sprechen Sie ein kräftiges **Ö**.

Achten Sie beim Sprechen darauf, dass Sie die Lippen gut runden. Der Laut wird lang geschlossen gesprochen, wenn nur ein Konsonant folgt (Höhle, Röhre). Der Laut wird kurz und offen gesprochen, wenn mehrere Konsonanten folgen (Hölle, rösten).

Liebe Hessen, bitte beachten Sie die obengenannten Artikulationsregeln und sprechen Sie die folgenden Übungen:

Silbenübung

bö – dö – fö – gö – hö – jö – kö – lö – mö – nö – pö – rö – sö – tö – wö – zö

Wortübung

Achten Sie bei der folgenden Wortübung auf deutliche Artikulationsunterschiede.

langes ö	**langes e**	**langes ä**	**kurzes e**
böse	Besen	Bläser	besser
Röte	Rede	Räder	Retter
Höfe	Hefe	Häfen	Hefte
Böden	beten	bäten	Betten

Satzübung

Wo Frösche sind, sind auch Störche.
Böses wird in Bösem enden.
Erröten macht die Hässlichen schön.

Die Umlaute – das Ü

Die hessische Lautbildung

Der Laut **ü** wird im Hessischen meist durch ein **i** oder **e** ersetzt: «Mieh» (Mühe), «hibbe» (hüpfen), «kisse» (küssen). Steht ein **ü** vor einem **r**, wird aus dem **ü** auch schon mal ein **ä**: «schdärmd» (stürmt), «Täämsche» (Türmchen).

Die hochdeutsche Lautbildung

Der Kiefer ist geöffnet, die Lippen sind stark gerundet und stark vorgewölbt. Der vordere Zungenrücken hebt sich an. Beim lang geschlossenen **y** (K**ü**he) wird die Artikulationsmuskulatur stärker angespannt, beim kurz offenen **y** (k**ü**ssen) sind die Lippen erheblich lockerer und weniger gerundet.

Lautübung

- Sprechen Sie ein kräftiges **Ü**.

Achten Sie beim Sprechen darauf, dass Sie die Lippen stark runden. Der Laut wird lang geschlossen gesprochen, wenn nur ein Konsonant folgt (lügen, Düse). Der Laut wird kurz und offen gesprochen, wenn mehrere Konsonanten folgen (Lücke, Bürste).

Liebe Hessen, bitte beachten Sie die obengenannten Artikulationsregeln und sprechen Sie die folgenden Übungen:

Silbenübung

bü – dü – fü – gü – hü – jü – kü – lü – mü – nü – pü – rü – sü – tü – wü – zü

Wortübung

Achten Sie bei der folgenden Wortübung auf deutliche Artikulationsunterschiede.

langes i	**langes ü**	**kurzes i**	**kurzes ü**
liegen	Lügen	blicken	Lücken
Riegel	Rüge	Tricks	Rücken
Kriege	Krüge	knicken	Krücken
Fliegen	Flüge	flicken	flügge
Kiesel	küren	Kissen	küssen

Textübung

Überm Garten durch die Lüfte
hört' ich Wandervögel zieh'n.
Das bedeutet Frühlingsdüfte –
unten fängt's schon an zu blühn.
Joseph von Eichendorff

Die Diphthonge – das EI

Die hessische Lautbildung

Im Hessischen wird das **ei** häufig durch ein **eu** – «Oimä» (Eimer), «Oigang» (Eingang) – oder durch ein langes **a** ersetzt – «haas» (heiß), «Flaach» (Fleisch), «kaan» (kein).

Die hochdeutsche Lautbildung

Im Hochdeutschen wird das **ei** durch eine artikulatorische Gleitbewegung vom **a** zum **e** gebildet. Wobei die Betonung auf dem ersten Laut, also dem **a**, liegt. Beispiele: Bein [baen], klein [klaen].

Lautübung

- Sprechen Sie ein kräftiges **Ei**.

  Achten Sie beim Sprechen darauf, dass Sie vom **a** ins **e** gleiten und die Lippen hierbei locker bleiben (kein Lippenbreitzug).

Liebe Hessen, bitte beachten Sie die obengenannten Artikulationsregeln und sprechen Sie die folgenden Übungen:

Silbenübung

bei – dei – fei – gei – hei – jei – kei – lei – mei – nei – pei – rei – sei – tei – wei – zei

Wortübung

Meise – Mäuse	zeigen – zeugen
leise – Läuse	beide – Beute

leiten – läuten
drei – treu
Feier – Feuer
Eile – Eule
Brei – Bräu
freien – freuen

Satzübung

Gleiches von Gleichem bleibt Gleiches, Stein und Bein, klein und fein, Sein und Schein, mein und dein, frei und leicht, Leib und Geist.

Textübung

Die alten Weiden neigen
sich auf dein Bett herein.
Die Vöglein in den Zweigen,
sie singen treu dich ein.
Joseph von Eichendorff

Die Diphthonge – das EU und das ÄU

Die hessische Lautbildung

Im Hessischen wird der Diphthong **eu** meist durch den Diphthong **ei** ersetzt:
«eisch» (euch), «Deiwel» (Teufel), «Schbielzeisch» (Spielzeug). Ob «Feiäa» Feuer oder Feier bedeutet, kann daher nur über den Kontext klar werden.

Die hochdeutsche Lautbildung

Im Hochdeutschen wird das **eu** durch eine artikulatorische Gleitbewegung vom offenen **o** zum **ö** gebildet. Wobei die Betonung auf dem ersten Laut, also dem **o**, liegt.

Lautübung

- Sprechen Sie ein kräftiges **Eu**.

  Achten Sie beim Sprechen darauf, dass Sie vom offenen **o** ins **ö** gleiten und die Lippen hierbei gerundet bleiben.

Liebe Hessen, bitte beachten Sie die obengenannten Artikulationsregeln und sprechen Sie die folgenden Übungen:

Silbenübung

beu – deu – feu – geu – heu – jeu – keu – leu – meu – neu – peu – reu – seu – teu – weu – zeu

Wortübung

Heu, scheu, treu, neu, Gebräu, Treue, Scheune, Bäume, Träume, Leute, Eule, Beute, Säure, Allgäu, Boiler, Eugen, Euter, Feuer, Europa, äußern, Feuerteufel, Mäuseeuter, Leuchtfeuer, Treuezeugnis, Freudengeheule.

Satzübung

Große Keulen schlagen große Beulen.
Geteilte Freude ist doppelte Freude.
Späte Reue macht den Schaden neu.
Heute gefreit, morgen gereut.

Die Diphthonge – das AU

Die hessische Lautbildung

Im Hessischen wird das **au** manchmal durch ein langes **a** ersetzt: «kaafe» (kaufen), «Fraa» (Frau), «Daaf» (Taufe). Bei der Vorsilbe **auf**- dagegen wird das **au** durch **u** ersetzt und dadurch zu «uff».

Die hochdeutsche Lautbildung

Im Hochdeutschen wird das **au** durch eine artikulatorische Gleitbewegung vom **a** zum **o** gebildet. Wobei die Betonung auf dem ersten Laut, also dem **a**, liegt und die Lippen fließend zum **o** gerundet werden.

Beispiele: Haus [haos], Maus [maos].

Lautübung

- Sprechen Sie ein kräftiges **Au**.

Achten Sie beim Sprechen darauf, dass Sie vom **a** ins **o** gleiten und die Lippen hierbei gerundet bleiben.

Liebe Hessen, bitte beachten Sie die obengenannten Artikulationsregeln und sprechen Sie die folgenden Übungen:

Silbenübung

bau – dau – fau – gau – hau – jau – kau – lau – mau – nau – pau – rau – sau – tau – wau – zau

Wortübung

Bau, Pfau, Sau, schau, Tau, lau, flau, genau, Frau, schlau, blau, Moldau, Radau, Stau, grau, rau, Staub, taub, faul, kaum, Schaum, Baum, Traum, mausern, Flausen, Rauchpause, brauchbar, Pfauenauge, Staubsauger.

Satzübung

Den blauen Augen kaum trauen, auf schlaue Frauen bauen, faule Ausreden gebrauchen, traurig hinaufschauen, einen faulen Gaul kaufen, faule blaue Trauben kaufen, aus dem Haus schauen, die grauen Tauben.

Textübung

Es schaute aus blauem Auge
so traurig auf die Frau,
sie kaufte blaue Trauben
und glaubte, auch sie taugten,
doch kaum gekauft, verfaulten
die sauren blauen Trauben.

Die Sprenglaute – das B

Die hessische Lautbildung

Das **b** bleibt im Hessischen auch im Auslaut und vor Konsonanten ein **b** und nicht wie im Hochdeutschen ein **p**. Nach einem **l** oder **r** und zwischen Vokalen wird das **b** gerne durch ein **w** ersetzt: «siwwe» (sieben), «Awweid» (Arbeit).

Die hochdeutsche Lautbildung

Die Lippen sind geschlossen und weich mit einem stimmhaften Luftstrom gelöst. Das **b** wird vor Vokal immer stimmhaft gesprochen. Vor Konsonant und am Silben- oder Wortende wird es stimmlos, also wie **p**, gesprochen. Beispiel: lieb [li:p].

Lautübung

- Sprechen Sie ein kräftiges **B**.

  Achten Sie beim Sprechen darauf, dass Sie die Lippen gut schließen und der Stimmanteil gut hörbar ist.

Liebe Hessen, bitte beachten Sie die obengenannten Artikulationsregeln und sprechen Sie die folgenden Übungen:

Silbenübung

ba – be – bi – bo – bu – bei – beu – bau

Wortübung

Beben, bleiben, Buben, Gaben, glauben, haben, heben, kleben, laben, leben, lieben, loben, neben, oben, rauben, reiben, Roben, schieben, sieben, stauben, sträuben, streben, Stuben, Tauben, toben, traben, trüben, Tuben, üben, weben.

Satzübung

Blaukraut bleibt Blaukraut und Brautkleid bleibt Brautkleid.
Bäcker Bürger backt billiges Brot.

Die Sprenglaute – das D

Die hessische Lautbildung

Das **d** wird in manchen hessischen Regionen durch ein **r** ersetzt: «Laare» (Laden). Nach den Konsonanten **n** und **l** fällt es meist ganz weg: «wunnerbar» (wunderbar), «erfunne» (erfunden).

Die hochdeutsche Lautbildung

Schließen Sie die Lippen und lösen Sie sie weich und mit einem Stimmanteil. Das **d** wird vor Vokal stimmhaft gesprochen. Vor Konsonant und am Silben- oder Wortende wird es stimmlos, also wie **t**, gesprochen. Beispiel: Rad [ra:t].

Lautübung

- Sprechen Sie ein kräftiges **D**.

Achten Sie beim Sprechen darauf, dass die Zungenspitze nicht an die Zähne, sondern ans Zahnfleisch drückt und der Stimmanteil gut hörbar ist.

Liebe Hessen, bitte beachten Sie die obengenannten Artikulationsregeln und sprechen Sie die folgenden Übungen:

Silbenübung

da – de – di – do – du – dei – deu – dau

Wortübung

Baden, Boden, Feder, Fremde, Helden, Hemden, Hunde, Köder, Laden, landen, Leiden, Lende, Lieder, Linde, Loden, Mode, müde, Nadel, Räder, Ruder, Wände, Weide.

Satzübung

Der dicke Dietrich trinkt drei Tassen Tee – drei Tassen Tee trinkt der dicke Dietrich.
Der dicke dumme Töffel trug den dünnen dummen Töffel durch den Torfdreck durch.

Die Sprenglaute – das G

Die hessische Lautbildung

Nach den Konsonanten **r** und **l** und zwischen Vokalen wird das **g** oft durch ein **j** oder **sch** ersetzt: «morje» oder «mosche» (morgen), «Räje» (Regen), «Fliesch仠(Flieger). Im Auslaut und nach langen dunklen Vokalen wird das **g** oftmals zu **ch2**: «daach» (Tag), «nachdraachend» (nachtragend).

Die hochdeutsche Lautbildung

Die Zungenspitze liegt hinter den unteren Schneidezähnen. Der hintere Zungenrücken wird gegen den weichen Gaumen gehoben. Der Widerstand wird mit einem weichen Atemstoß gesprengt. Es ist dabei kein Reibegeräusch zu hören.

Im Auslaut werden grundsätzlich alle **g** stimmlos, also wie **k** gesprochen. Beispiel: Burg [burk], Trog [tro:k].

Lautübung

- Sprechen Sie ein kräftiges **G**.

  Achten Sie beim Sprechen darauf, dass Sie den weichen Gaumen nicht anspannen, die Stimme soll nicht nasal (verschnupft) klingen.

Liebe Hessen, bitte beachten Sie die obengenannten Artikulationsregeln und sprechen Sie die folgenden Übungen:

Silbenübung

ga – ge – gi – go – gu – gei – geu – gau

Wortübung

Augen, beugen, biegen, Bogen, Drogen, Feigen, Fliegen, Fragen, Fugen, kriegen, Lagen, Laugen, liegen, Lügen, Magen, mögen, nagen, neigen, sagen, Sägen, saugen, säugen, siegen, steigen, tagen, tragen, Wogen, Zeugen.

Satzübung

Sich regen bringt Segen.
Nicht verzagen, sondern fragen.

Die Sprenglaute – das P

Die hessische Lautbildung

Im Hessischen wird der stimmlose Plosiv **p** häufig stimmhaft gebildet: «Babier» (Papier), «Babba» (Papa), «Kabäll» (Kapelle).

Die hochdeutsche Lautbildung

Die Lippen sind geschlossen und werden mit dem Atemstrom gesprengt. Es darf kein Stimmanteil zu hören sein.

Lautübung

- Sprechen Sie ein kräftiges **P**.

Achten Sie beim Sprechen darauf, dass bei der Sprengung der Lippen kein Stimmanteil zu hören ist.

Liebe Hessen, bitte beachten Sie die obengenannten Artikulationsregeln und sprechen Sie die folgenden Übungen:

Silbenübung

pa – pe – pi – po – pu – pei – peu – pau

Wortübung

Paar, packen, Pass, Paul, Pech, Pein, Pest, picken, Pilz, pink, Pocken, Pol, Post.

Satz- und Textübung

Der Potsdamer Postkutscher putzt den Potsdamer Postkutschkasten.
Der Cottbuser Postkutscher putzt den Cottbuser Postkutschkasten.

Pampelmusensalat

Bei der Picknickpause in Pappelhusen
aß Papa mit Paul zwei Pampelmusen.
Doch bei dem Pampelmusengebabbel
purzelte plötzlich der Paul von der Pappel
mit dem Popo in Papas Picknickplatte,
wo Papa die Pampelmusen hatte.
«O Paul», schrie Papa, «du bist ein Trampel!
Plumpst mitten in meine Musepampel –
ich wollte sagen: in die Mampelpuse –
nein: Pumpelmase – nein: Pampelmuse!»
Das gab vielleicht ein Hallo!
Die Pappeln, der Papa, der Paul und sein Po,
das Picknick, die Platte (um die war es schad') –
das war ein Pampelmusensalat!
Hans Adolf Halbey

Die Sprenglaute – das T

Die hessische Lautbildung

Im Hessischen wird das stimmlose **t** oft durch ein stimmhaftes **d** ersetzt: «Schdadd» (Stadt), «Diddel» (Titel), «Dande» (Tante). Nach dem Konsonanten **n** und manchmal auch nach **i** fällt das **t** einfach weg: «hinnerum» (hintenrum).

Die hochdeutsche Lautbildung

Die Zungenspitze wird hinter die oberen Schneidezähne gelegt und mit einem kräftigen Atemstoß nach unten fallen gelassen. Es ist hierbei kein Stimmanteil zu hören.

Lautübung

- Sprechen Sie ein kräftiges **T**.

  Achten Sie beim Sprechen darauf, dass die Zungenspitze nicht an die Zähne, sondern ans Zahnfleisch drückt und kein Stimmanteil hörbar ist.

Liebe Hessen, bitte beachten Sie die obengenannten Artikulationsregeln und sprechen Sie die folgenden Übungen:

Silbenübung

ta – te – ti – to – tu – tei – teu – tau

Wortübung

Landenden – gelandeten, leitenden – geleiteten, mordenden – ermordeten, spendenden – gespendeten.

Satzübung

Tante Trude trocknete der traurigen Trude die Tränen.

Theo trinkt drei Tassen Tee – drei Tassen Tee trinkt Theo.

Die Sprenglaute – das K

Die hessische Lautbildung

Im Hessischen wird das stimmlose **k** (besonders zwischen Vokalen) oft durch ein stimmhaftes **g** ersetzt: «Wäggäa» (Wecker), «drigge» (drücken), «Schnuggelsche» (Schnuckelchen).

Die hochdeutsche Lautbildung

Die Zungenspitze liegt hinter den unteren Schneidezähnen. Der hintere Zungenrücken wird gegen den weichen Gaumen gehoben. Der Widerstand wird mit einem kräftigen Atemstoß gesprengt. Es ist hierbei kein Stimmanteil zu hören.

Lautübung

- Sprechen Sie ein kräftiges **K**.

  Achten Sie beim Sprechen darauf, dass kein Stimmanteil hörbar ist.

Liebe Hessen, bitte beachten Sie die obengenannten Artikulationsregeln und sprechen Sie die folgenden Übungen:

Silbenübung

ka – ke – ki – ko – ku – kei – keu – kau

Wortübung

- Anlaut: Klang, klein, Klo, Knecht, Knie, Knoten, Knödel, Kraft, Kran, Kreis, Kreuz, Krug

- Inlaut: Acker, backen, Ecke, gucken, packen, Pflöcke, Röcke, stricken, Stücke, Zicken
- Auslaut: Dreck, Eck, Fleck, Glück, Lack, Pack, Pflock, Puck, Rock, Ruck, Stück, Tick

Satzübung

Kleine Kinder können keine Kirschkerne knacken.
Kaiser Karl konnte keine Kümmelkörner kauen.
Der Kölner Kaplan klebt Pappplakate an die Kirche.
Bismarck biss Mark, bis Mark Bismarck biss!

Die stimmhafte Bildung der Konsonanten hat natürlich auch Auswirkungen auf die Lautverbindungen **z (ts), tz, qu, x** und **chs**: «Dsahl» (Zahl), «Hägs» (Hexe).

Die Reibelaute – das R

Die hessische Lautbildung

Im Hessischen begegnen einem sowohl das standarddeutsche «Zäpfchen-**r**» wie auch das sogenannte «Zungenspitzen-**r**». Häufig entfällt im Hessischen jedoch der Laut **r**: «Alaam» (Alarm), «Padie» (Party).

Die hochdeutsche Lautbildung

Im Hochdeutschen wird das konsonantische **r** im Rachen gerollt (Zäpfchen-r oder Rachen-r). Ein konsonantisches **r** wird vor jedem Vokal (Rose) und nach einem kurz offenen Vokal (Korn) gesprochen. Grundsätzlich wird nach jedem **a** ein konsonantisches **r** realisiert (Bart, war). Das vokalisierte **r** wird unbetont und schwach gesprochen. Es geht in Richtung unbetontes **a**, wird aber ungespannt artikuliert. Ein vokalisiertes **r** wird nach einem langen geschlossenen Vokal gesprochen (Tor, sehr) und bei den Endsilben **-er, -ert** (Vater, höher, liebenswert).

Lautübung

Für das hintere Rachen-**r** bilden Sie zunächst ein **ch2** (Bach, Buch) und geben nun etwas Stimme dazu. Das vokalisierte **r** sprechen Sie wie im Hessischen, jedoch ein wenig ungespannter (lockerer).

Liebe Hessen, bitte beachten Sie die obengenannten Artikulationsregeln und sprechen Sie die folgenden Übungen:

Silbenübung

ra – re – ri – ro – ru – rei – reu – rau

Wortübung

Achten Sie bei den folgenden Worten darauf, dass Sie das R konsonantisch sprechen:
Arm, Bart, Berg, Burg, dort, Dorn, Fahrt, fern, fort, Garn, gern, Gurt, Kerl, Kern, Korn, Quirl, Quark, Sarg, stark, Stern, Stirn, Sturm, vorn, Wurm, zart, Zorn, Zwerg, Zwirn.

Satzübung

Getretener Quark wird breit, nicht stark. (Goethe)
Wenn die Räder rasselten, Rad an Rad, rasch ums Ziel weg. (Goethe)

Pfosten stürzen, Fenster klirren, Kinder jammern, Mütter irren. (Schiller)

Die Zischlaute – das S und Sch

Die hessische Lautbildung

Die Zischlaute **s** und **sch** werden im Hessischen oft stimmhaft gebildet (Hesse → «Hese»). Das stimmhafte **sch** finden wir im Hochdeutschen eigentlich nur in Fremdwörtern, zum Beispiel im Wort Garage oder Ingenieur.

Die hochdeutsche Lautbildung

Im Hochdeutschen werden alle **s** vor Vokal stimmhaft gesprochen. Die Zischlaute **z (ts), ss** und **ß** werden stimmlos gesprochen. **Sch** wird immer stimmlos gebildet.

Lautübung

Bilden Sie nun ein **s** und summen Sie dabei, ohne die Stellung der Artikulationsorgane zu verändern. Die Zahnreihen sind dabei geschlossen, die Zungenspitze liegt hinter den unteren Schneidezähnen und hält mit diesen Kontakt.

Liebe Hessen, bitte beachten Sie die obengenannten Artikulationsregeln und sprechen Sie die folgenden Übungen:

Silbenübung

Achten Sie genau darauf, dass Sie das erste **s** der Lautübung stimmhaft und das zweite stimmlos sprechen:
sassa – sesse – sissi – sosso – sussu – seissei – seusseu – saussau.

Wortübung

Sprechen Sie bei der folgenden Wortübung stimmhafte und stimmlose S im Wechsel:
Base – Basse, Busen – Busse, Esel – Essen, Kiesel – Kissen, Rose – Rosse, Wiese – Wissen.

Die Zischlaute – das CH1 und die ig-Regel

Die hessische Lautbildung

Im Hessischen wird das **ch1**, der sogenannte ich-Laut, zum **sch**: «isch» (ich), «rischdisch» (richtig), «Aschebäschä» (Aschenbecher), «Mädschä» (Mädchen).

Die hochdeutsche Lautbildung

Der ich-Laut darf im Hochdeutschen nicht gerundet werden, sondern wird immer wie **j**, aber ohne Stimme gebildet. Dieser Laut wird im Hochdeutschen auch für die Endsilbe -**ig** gesprochen. Der König wird also im Hochdeutschen zum Könich, der Zeisig zum Zeisich und beleidigt zu beleidicht. Diese Regel gilt jedoch ausschließlich für die Endung -**ig**. Worte mit -**ieg**, oder wenn andere Vokale vor dem **g** stehen, werden im Auslaut (aufgrund der Regel der Auslautverhärtung) mit -**k** gesprochen. Beispiele: Sieg [si:k], Tag [ta:k], Weg [ve:k]. Ebenso wird das **g** nicht zum **CH1**, wenn auf die Nebensilbe ein Vokal folgt (Könige) oder wenn in der nächsten Silbe ein weiteres **ch** folgt (ewiglich, königlich).

Wortübung

Achten Sie bei den folgenden Worten auf die Umsetzung der ig-Regel:

eckig, eilig, ewig, farbig, feurig, fleißig, freudig, fruchtig, gierig, häufig, kernig, König, mächtig, prächtig, richtig, ruhig, schaurig, schwindlig, selig, übrig, trächtig, traurig, vorsichtig, wichtig, wolkig, zornig.

Satzübung

Der König war fleißig und lustig, o wie selig war der König.
Windig und schwindlig ist der Weg.

Lautverbindungen – das PF

Die hessische Lautbildung

Aus dem hochdeutschen Reibelaut **pf** wird im Hessischen oft ein **b**: «Knobb» (Knopf), «Abbel» (Apfel), «Drobbe» (Tropfen) und vor Vokal im Anlaut ein **p**: «Pingste» (Pfingsten).

Hochdeutsche Lautbildung

Im Hochdeutschen müssen beide Laute (**p** und **f**) deutlich hörbar sein. Die Artikulation erfolgt mit einem schwungvollen Atemstoß.

Liebe Hessen, bitte beachten Sie die obengenannten Artikulationsregeln und sprechen Sie die folgenden Übungen:

Wortübung

- Anlaut: Pfeffer, Pfeife, Pfeil, Pfennig, Pferd, Pfifferling, Pflock, Pfosten
- Auslaut: Kopf, Napf, Topf, Zopf

Pfau – faul, Pflaume – Flaum, Pflege – Flegel, Pflicht – flicht, Pflug – Flug, pflügen – fliegen, Pfund – Fund

Satzübung

Er pflügte das Feld mit dem Pflug.
Die Pfeife fiel auf dem Flug auf den Pfosten.

Textübung

Der Bratapfel (gekürzt)
Kinder, kommt und ratet,
Was im Ofen bratet:
Der Zipfel, der Zapfel,
Der Kipfel, der Kapfel, der gelbrote Apfel.
Fritz und Emely Koegel

→ Die hessische Artikulation: Auf einen Blick

- Eine deutliche Artikulation erfordert eine lockere und aktive Lippen- und Zungenmuskulatur.
- Achten Sie auf eine ausreichende Kieferöffnung.
- Die Lippen dürfen beim Sprechen nicht in die Breite gezogen werden.
- Achten Sie darauf, dass Vokale kurz gesprochen werden, wenn mehrere Konsonanten folgen, und lang gesprochen werden, wenn nur ein Konsonant folgt.
- Ein **g** darf niemals zu einem **j**, **ch** oder **sch** werden.

- Die Umlaute **ö** und **ü** dürfen nicht durch die Vokale **e** und **i** ersetzt werden.
- Achten Sie auf den Unterschied zwischen stimmhaften und stimmlosen Vokalen.
- Lassen Sie niemals Laute weg.
- Im Hochdeutschen existiert kein stimmhaftes **sch**.
- Beachten Sie die ig-Regel.

Hessentexte

Hessische Zungenbrecher

«Wenn eiern Scheppe unsern Scheppe nommo Schepper schennt, schennt unsern Scheppe eiern Scheppe so lang Schepper, bis eiern Scheppe unsern Scheppe nemmee Schepper schennt.» (Wenn euer Buckliger unsern Buckligen nochmal Buckliger nennt, nennt unser Buckliger euren Buckligen so lange Buckliger, bis euer Buckliger unsern Buckligen nicht mehr Buckliger nennt.)

«Wo widdn dei ha hi ho he?»
(Wo willst du dein Heu hinhaben?)

«Mei Mudder hadde schwoazze Perlekett.»
(Meine Mutter hat eine schwarze Perlenkette. Wiederholt man diesen Zungenbrecher oft und schnell, wird aus «schwoazze Perlekett» ganz schnell «en schwazze Kerlebett», also «einen schwarzen Kerl im Bett».)

«Sitztn Wäammsche mitm Schäammsche unnerm Äammsche ufm Täammsche, kommt n Stäammsche und wirft des Wäammsche mitm Schäammsche unnerm Äammsche vom Täammsche.»
(Sitzt ein Würmchen mit einem Schirmchen unterm Ärmchen auf einem Türmchen, kommt ein Stürmchen, bläst das Würmchen mit dem Schirmchen unterm Ärmchen vom Türmchen.)

«Isch haach der uff aa Aach unn uffs anner Aach aach.»
(Ich hau dir auf ein Auge und auf das andere Auge auch.)

Das Hessenlied

Das Besondere an der inoffiziellen Nationalhymne Hessens ist, dass es keine allgemeingültige Textfassung gibt. So kursieren mehrere Versionen, von denen nachfolgend zwei vorgestellt werden. Der Text stammt von Carl Preser (1828–1910), die Melodie wurde von Albrecht Brede (1834–1920) komponiert.

Version 1

Ich kenne ein Land, so reich und so schön,
voll goldener Ähren und Felder.
Dort grünen vom Tal bis zu sonnigen Höh'n
dufthauchende, dunkele Wälder.
Dort hab' ich als Kind an der Mutter Hand
in Blüten und Blumen gesessen.
Grüß' Gott dich, du Heimat, du herrliches Land.
Grüß' Gott dich, mein liebes Land Hessen!

Den Burgen auf ragenden Höhen mein Gruß,
den Wäldern im Morgenrotstrahle,
den Strömen, die eherner Felsklippen Fuß
wild rauschend umspülen im Tale!
Grüß' Gott, wo ich einst an des Bächleins Strand
in Blüten und Blumen gesessen.
Grüß' Gott dich, du Heimat, du herrliches Land,
Herz Deutschlands, mein blühendes Hessen!

Dein Stamm, den die Urflut der Zeiten gebar,
hat fest in den Stürmen gestanden
und tapfer getrotzt der Geschicke Gefahr,
wenn and're schon zitternd sich wanden.
So wollen wir schirmen mit Hammer und Schwert
dich Hort, dessen Wert kann ermessen
kein Feind, der dir zornig den Frieden verwehrt:
Dein Schild sind wir, starkes Land Hessen!

Mag unsere Frist auch im Traume verweh'n
und stürzen, was wir dir gegeben,
wirst du doch den Morgen der Ewigkeit seh'n,
wirst Mutter sein strahlendem Leben,
denn stolz loht im Herzen der Enkel der Brand,
den einst uns're Ahnen besessen:
Gott grüße dich, Heimat, der Seligkeit Pfand:
unsterbliches Vaterland Hessen!

Version 2

Ich kenne ein Land,
so reich und so schön,
voll goldener Ähren und Felder.
Dort grünen vom Tal bis zu
sonnigen Höhn
viel dunkele, duftige Wälder.
Dort hab ich als Kind an der
Mutter Hand in Blüten und Blumen gesessen.

Ich grüß dich, du Heimat,
du herrliches Land.
Herz Deutschlands,
mein blühendes Hessenland.

Vom Main bis zur Weser,
Werra und Lahn
ein Land voller blühender Auen,
dort glänzen die Städte,
die wir alle sahn,
sind herrlich im Lichte zu schauen.
Dort hab ich als Kind an der
Mutter Hand in Blüten und Blumen gesessen.

Ich grüß dich, du Heimat,
du herrliches Land.
Herz Deutschlands,
mein blühendes Hessenland.

Berühmte Hessen

Wissenschaftler, Unternehmer und Erfinder

Philipp Reis (hat den Vorläufer des Telefons erfunden), Otto Hahn, Adam Opel, Heinrich Nestle u. v. a.

Philosophen und Künstler

Johann Wolfgang von Goethe, die Gebrüder Grimm, Anne Frank, Carl Zuckmayer, Sven Väth, Theodor W. Adorno, Erich Fromm, Heinrich Hoffmann, Bettina von Arnim, Volker Schlöndorff, Moses Pelham, Sabrina Setlur, Wilhelm Dilthey, Paul Kuhn, Karin Dor, Ludwig Büchner, Karlheinz Böhm, Heinrich von Brentano u. v. a.

Sportler

Jürgen Grabowski, Marika Kilius, Michael Groß, Birgit Prinz, Sebastian Kehl, Rudi Völler, Andreas Möller, Nico Rosberg u. v. a.

Herrscher und Politiker

Hans Eichel, Roland Koch, Renate Schmidt, Norbert Blüm, Brigitte Zypries, Silke Lautenschläger, Wilhelm Liebknecht (Vater von Karl Liebknecht), Heidemarie Wieczorek-Zeul u. v. a.

Zitate von berühmten Hessen

J. W. v. Goethe: Wir erschrecken über unsere eigenen Sünden, wenn wir sie an anderen erblicken.

Carl Zuckmayer: Erfolg, das ist eine unberechenbare Mischung aus Talent, Glück und Arbeit, und oft auch ein Missverständnis.

Bettina von Arnim: Ein Verstand, der die Füße in einem Sack von Vorurteilen stecken hat, der kann nicht nach dem Ziel laufen.

Anne Frank: So lange es das noch gibt, diesen wolkenlosen blauen Himmel, darf ich nicht traurig sein.

Theodor W. Adorno: Das Publikum hat ein Recht darauf, nicht angeschmiert zu werden, auch wenn es darauf besteht, angeschmiert zu werden.

Norbert Blüm: Es kann doch nicht der Sinn von Bildung sein, dass jeder Einsteins Relativitäts-Theorie erklären, aber keiner mehr einen tropfenden Wasserhahn reparieren kann.

Erich Fromm: Zwanghaftes Arbeiten allein würde die Menschen ebenso verrückt machen wie absolutes Nichtstun. Erst durch die Kombination beider Komponenten wird das Leben erträglich.

Literaturverzeichnis

Adam, D.: Verzähl mer was, hessische Sache. Verlag Michaela Naumann, Nidderau 2000

Aderhold, E.: Das gesprochene Wort. Henschel Verlag, Berlin 1994

Aderhold, E. und Wolf, E.: Sprecherzieherisches Übungsbuch. Henschel Verlag, Berlin 2005

Balser-Eberle, V.: Sprechtechnisches Übungsbuch. Österreichischer Bundesverlag für Unterricht, Wissenschaft und Kunst, Wien 1950

Bambach, K.: Mer kann's ja mal saache. Verlag Michaela Naumann, Nidderau 1997

Bambach, K.: Unpässlichkeite – Hessische Wehwehsche von A–Z. Verlag Michaela Naumann, Nidderau 2004

Bausinger, H.: Dialekt als Sprachbarriere. Verlag Tübinger Vereinigung für Volkskunde e. V., Tübingen 1973

Emmel, H.: Neue hessische Witze. Husum Druck- und Verlagsgesellschaft mbH u. Co. KG, Husum 2003

Fiukowski, H.: Sprecherzieherisches Elementarbuch. Max Niemeyer Verlag GmbH, Tübingen 1992

Friebertshäuser, H.: Das hessische Dialektbuch. Beck, München 1987

Gernhardt, R.: Erna, der Baum nadelt! Fischer Taschenbuch Verlag, Frankfurt am Main 2002

Ginder, D.: Die Fenstergucker. Verlag Universal Frame GmbH Zofingen, München 2004

Gruhn, K.: Do lache jo die Hinkel. Die besten hessischen Sprichwörter. Compact Verlag, München 1998

Gruhn, K. und S.: Ei guude, wie? De aanzisch wahre Hessisch-Sprachführer. Compact Verlag, München 2000

Hallstein, R.: Sprechen Sie Hessisch? Tosa im Verlag Ueberreuter, Wien 2006

Heckmann, H.: Typisch Hessisch. Stürtz Verlag GmbH & Co. KG, Würzburg 2001

Heckmann, H.: Hessisch auf deutsch. Bruckmann KG, München 1973

Heeg, T.: Dirty words hessisch. Belchen Verlag GmbH, Freiburg im Breisgau 2000

Heizmann, K.: So spreche ich richtig aus. Schott Musikverlag, Mainz 2001

Hey, J.: Die Kunst des Sprechens. Schott Musikverlag, 51. Auflage, Mainz 2004

Landsiedel, L.: Schwarz uff wiß. Bilstein Verlag, Niedenstein-Kirchberg 1995

Langenscheidt: Wörterbuch Lilliput Hessisch. München 2003

Lewis, I. & Naumann, B.: Das hessische Schimpfwörterbuch. Lauter beese Wörter. 13. Aufl. Verlag Michaela Naumann, Nidderau 2005

Schneider, D.: Biblisch hessisch. Verlag Michaela Naumann, Nidderau 2003

Schneider, D.: Faust uff klassisch hessisch. Verlag Michaela Naumann, Nidderau 2003

Siegel, K.: Gegenreden-Quergebabbel. Hessische Mundartsprüche, Gedichte, Redensarten. Claassen Verlag GmbH, Düsseldorf 1978

Storch, G.: Phonetik des Deutschen. Günther Storch Verlag, Stockach 2002

Witte, H.: Hessisch, wie es nicht im Wörterbuch steht. Societäts-Verlag, Frankfurt am Main 1971

Websites

www.hessen.de

www.wikipedia.de

www.zitate.de

http:mrfluffy2.mr.funpic.deWoerterbuchhessisch.htm

Dank

Ich bedanke mich an dieser Stelle recht herzlich bei meiner Mitarbeiterin Bianca Körner für die Unterstützung bei der Recherche.